税理士があまり知らない

相続紛争と遺産分割調停

実務イメージをストーリーで理解する

みなと青山法律事務所
弁護士・税理士
馬渕泰至

調停室　　審判廷

清文社

はしがき

　高齢化社会の到来、相続税法改正による相続税申告義務者の増大といった背景の下、税理士業界をはじめ、さまざまな業界・分野において、「相続」に注目が集まっています。

　もっとも、「相続」とはいっても、実に範囲が広く、被相続人の死亡から相続財産の終局的な移転まで、さまざまな専門家の関与を必要とします。

　たとえば、相続登記といえば司法書士、相続財産の評価といえば不動産鑑定士、相続税の申告といえば税理士、相続紛争といえば弁護士といった感じです。

　中でも、税理士は、生前から事業承継、資産管理、遺言作成などの相続対策に関わり、実際に相続が発生した場合には、遺言の執行、遺産分割協議書の作成、相続税の申告や所得税の準確定申告を行うなど、クライアントの相続の場面で最も身近なところにいる専門家といえるでしょう。

　しかし、かかる税理士でも、弁護士が主として携わる相続紛争（遺留分減殺請求、遺産分割調停など）の分野については、直接携わる機会が少ないため、具体的なイメージを持ちにくく、依頼者への説明に苦慮されているように思います。

　そこで、本書は、税理士をはじめとする弁護士以外の専門家、あるいは、これから相続を経験しなければならない相続予定者に対し、相続の中で、特に弁護士が携わる分野である「相続紛争」「遺産分割調停」の手続きを具体的にイメージしていただくことを目的として上梓いたしました。

そのため、本書では、「相続紛争」「遺産分割調停」を時系列に沿って物語風に紹介し、ケースごとの問題点を会話形式で説明し、その後、具体的な解説を加え、最後に、申立件数、審理期間、手続費用、弁護士費用などの統計資料を紹介しています。

　特に、弁護士費用については、日本弁護士連合会のアンケート結果の集計を載せていますので、各手続きにおいて、弁護士費用がどのくらいかかるかというイメージをつかむのに有用と思われます。

　また、解説においても、法律概念の詳細な理論や説明は他書に譲り、本書では、あくまでも、「相続紛争」「遺産分割調停」のイメージをつかむために必要な解説という視点を意識し、イラストや時系列にも重点をおきました。

　本書によって、自らが関わる相続のイメージを具体的にしてもらい、また、税理士をはじめとする専門家の皆様においては、資産税に関するクライアントサービスのさらなる強化につながれば幸いです。

　最後になりましたが、笠原一郎様、高麗愛子弁護士、高橋ちぐさ税理士、飛田慶一税理士、村上徹税理士、その他たくさんの先生方から、実務家の立場による有意義なご助言をいただきました。また、イラストを作成していただいた株式会社トーカンエクスプレスの片柳卓也様、清文社の東海林良様、矢島祐治様には、本書発刊にあたり、多大なご尽力をいただきました。この場を借りて、厚く御礼申し上げます。

2014年9月

みなと青山法律事務所

弁護士・税理士　馬渕泰至

目　次 contents

はしがき　i

設定及び登場人物　viii

第1章　相続の流れ（弁護士と税理士の役割分担） …………… 1

1 シチュエーション　3

2 相続と遺産分割　6

3 弁護士が入ると、さらに揉める？　8

 1．利益相反行為、双方代理　9

 2．相手に弁護士がついた場合の対応　10

4 相続の流れ（相続人が複数いるケース）　11

第2章　相続の放棄・限定承認 ……………………………………… 13

1 シチュエーション　15

2 まずはイメージをつかむ　18

 1．相続放棄の申述　18

 2．相続放棄の申述受理　18

 3．熟慮期間の伸長　25

3 具体的な実務の手続き　29

 1．相続放棄の手続き　29

 2．限定承認　31

 3．相続があったことを知った日とは（熟慮期間の起算点）　32

 4．熟慮期間の伸長　33

 5．申述受理後の債権者対応（相続放棄の効力）　33

4 限定承認後の実務手続　35
　　5 データから見る相続放棄、限定承認　37
　　　1. 相続放棄　37
　　　2. 限定承認　39
　　　3. 熟慮期間の伸長　40
　　6 弁護士費用、手続費用　42
　　　1. 弁護士費用　42
　　　2. 手続費用　43

第3章　遺言とその執行　……………………………………………　45
　　1 シチュエーション　47
　　2 遺言の実務　50
　　　1. 遺言の種類　50
　　　2. 検認手続　54
　　　3. 遺言執行者　54
　　3 遺言執行の実務　60
　　　1. 遺言執行者の業務の流れ　61
　　　2. 遺言執行と遺留分減殺請求　68
　　　3. 遺言執行と法定相続人による新たな分割合意　68
　　4 遺言無効の争いの実務　69
　　　1. 無効原因　69
　　　2. 争い方　70
　　5 弁護士費用、手続費用　71
　　　1. 公正証書遺言の作成　71
　　　2. 秘密証書遺言の作成　74
　　　3. 遺言執行費用　74

4. 遺言書検認の申立　77

　　5. 遺言の無効を争う場合の弁護士費用　77

第4章　遺留分減殺請求 …………………………………………………… 79

1 シチュエーション　81
2 まずはイメージをつかむ　83
　　1. 遺留分減殺請求　83

　　2. 家事調停について　84

　　3. 現物返還と価額弁償　84

3 具体的な実務の手続き　86
　　1. 遺留分制度　86

　　2. 遺留分の侵害と遺留分減殺請求　87

　　3. 実際の紛争処理　90

　　4. 現物返還と価額弁償　91

4 弁護士費用、手続費用　94
　　1. 弁護士費用　94

　　2. 手続費用　96

第5章　遺産分割調停 …………………………………………………… 97

1 シチュエーション　99
2 まずはイメージをつかむ　102
　　1. 調停とは　102

　　2. 調停期日の流れ　103

　　3. 調停委員　105

3 具体的な実務の手続き　106
　　1. 調停の流れ　106

2．調停における5つのステップ　113

3．調停の終了　122

4 ドキュメント「遺産分割調停」　127

5 データから見る遺産分割調停　141

1．申立件数とその結果　141

2．審理期間　142

3．審理（期日）回数　144

4．調停委員の年齢と職業　145

6 弁護士費用、手続費用　147

1．弁護士費用　147

2．手続費用　148

第6章　遺産分割審判 ……………………………………………… 149

1 シチュエーション　151

2 まずはイメージをつかむ　153

遺産分割審判　153

3 具体的な実務の手続き　155

1．審判について　155

2．審判の流れ　155

3．審判に対する不服申立　156

4 データから見る遺産分割審判　158

1．申立件数とその結果　158

2．審理期間と審理回数　159

5 弁護士費用、手続費用　160

1．弁護士費用　160

2．手続費用　161

第7章 遺産分割終了後 ……………………………………… 163
エピローグ　165

資料　(旧)弁護士報酬会規 ……………………………………… 167

索引　183

［凡例］
民…………民法
相法………相続税法
所法………所得税法
家事………家事事件手続法
手数料令…公証人手数料令
民訴………民事訴訟法
［法令の略記例］
民法第13条第1項第2号…民13①二

※　本書の内容は、2014年9月1日時点の法令等によっています。

vii

【設定及び登場人物】

○青山商事

　青山大介氏が創業し、昨年30周年を迎えた非上場の株式会社。
　医療機器の卸売販売を主たる業務としている。
　資本金2,000万円、前期の売上高は5億円（純利益3,000万円）、従業員は20名。
　堅実経営で、減少傾向にはあるものの安定した収益を確保している。
　メインバンクはみなと銀行で、長期借入金が1億円程度。青山大介氏が所有する自宅不動産に根抵当権が設定され、青山大介氏も連帯保証している。

○青山大介

　青山商事の創業者で、現会長。妻はすでに他界。
　青山商事の株式の6,000株を保有（60％、2億円相当）。
　その他の主な保有資産としては、自宅不動産（土地・建物の評価合計8,000万円、長男・太郎と同居）、普通預金1,000万円、定期預金2,000万円、貯金500万円。
　自宅不動産はみなと銀行の青山商事に対する貸付の担保に入り、個人でも青山商事の借入について連帯保証をしている。

○青山太郎
　青山大介氏の長男で、現社長(代表取締役)。
　青山商事の株式の4,000株を保有。
　大介氏所有不動産において、大介氏と同居している。
　性格はおっとり。

○青山次郎
　青山大介氏の次男で、地方銀行勤務。
　太郎氏と性格は異なり、神経質で几帳面。
　子どもの頃から、太郎氏との仲はあまり良くない。

○甲野税理士
　キャリア12年目の税理士。
　甲野税理士事務所の所長。
　父親の代から青山商事の顧問税理士をしている。

○乙山弁護士
　キャリア10年の弁護士。2年前に乙山法律事務所を開設。甲野税理士とは家事事件の勉強会で知り合い、その後、懇意にしている。

第1章

相続の流れ
（弁護士と税理士の役割分担）

 # シチュエーション

　青山商事の先代の青山大介さんが亡くなり、長男の太郎さん（後継者）と次男の次郎さんが、大介さんの相続をすることになりました（巻頭【設定及び登場人物】参照）。

　青山商事の会計顧問をしている甲野税理士は、生前、大介さんから太郎さんへの事業承継についてアドバイスをしていたのですが、残念ながら、十分な対策を打つ前に大介さんは亡くなってしまいました。
　現在、甲野税理士は、太郎さんから相続についての相談を受けていますが、相続財産の構成からして、太郎さんと次郎さんの双方が納得する遺産分割方法は考えにくい状況です。加えて、太郎さんと次郎さんは、昔から折り合いが悪く、遺産分割には暗雲が立ちこめています。
　甲野税理士は、最悪の場合、家庭裁判所のお世話にならなければならないものと考え、まずは、相続の流れについて具体的なイメージをつかむため、懇意にしている乙山弁護士に事前相談をすることにしました。

甲野税理士（以下「税」）　長く顧問をしている青山商事の大介さんが、先日亡くなりました。遺産分割をする必要があるのですが、後継者で長男の太郎さんと次男の次郎さんの仲があまり良くないので、今後、相続紛争が起こりそうなのです。

　そこで、相続紛争になった場合の具体的な流れについて、教えていただけませんか？

乙山弁護士（以下「弁」）　それは心配な状況ですね。

　相続紛争で最初にすべきことは、①被相続人の大介さんが債務超過に陥っていないか、**相続財産を調査する**ことと、②**遺言の有無を確認**することです。

　①の調査の結果、債務超過に陥っていたことが判明した場合は、相続人は相続放棄をするか否かを検討する必要があります。

　①の調査の結果、債務超過ではなかった等の理由で相続放棄をしないことが決まった場合で、②有効な遺言があるときは、**遺言に従って遺産分割**が行われることになります。他方、②有効な遺言がない場合、相続人間で**遺産分割協議**をする必要があります。

　なお、有効な遺言がある場合でも、遺言の内容が、法定相続人の**遺留分を侵害**していないかを確認する必要があります。

　そして、遺言の内容が遺留分を侵害している場合、侵害を受けた法定相続人から**遺留分減殺請求**がなされる可能性があります。

　ところで、大介さんの遺言はありそうですか？

税　どうでしょうか。大介さんから事業承継の相談には乗っていましたが、遺言については特に聞いていません。すぐに、太郎さんに連絡して、遺言があるか確認してみたいと思います。

　ところで、どのような場合に遺言が無効となるのでしょうか？

弁　要式に不備がある場合や、そもそも痴呆などの理由で被相続人に**遺言能力**がない場合に遺言は無効となります。

税　要式面の不備はすぐにわかりそうですが、遺言能力の判断となると、なかなか難しそうですね。

弁　要式面の不備でも有効性が微妙なケースは結構ありますよ。でも、おっしゃるとおり、遺言能力の判断となると、本人はすでに亡くなっているので、本当に難しいです。
　　当時の生活の状況、病院のカルテなどで判断することになるのですが、お互いに決め手がなく、泥試合になることもよくあります。

税　そうですか…。でも、大介さんの場合は、亡くなる直前までとてもお元気だったので、遺言があった場合、遺言能力が問題になることは少なそうです。遺言があるといいのですが。
　　ところで、遺言がない場合、遺産分割協議をすることになりますが、それでまとまらない場合は、調停をすることになるのですね？

弁　はい、そうです。家庭裁判所で**遺産分割調停**を行うことになります。具体的には、家庭裁判所に遺産分割調停の申立をして、調停委員の助言を受けつつ、話し合いでの解決（調停の成立）をめざします。
　　調停でもまとまらない場合は、家庭裁判所の審判によって分割方法が決められることになります。

税　ところで、遺産分割調停を経ずに、いきなり審判を申し立てることはできるのですか？

弁　法律上は可能ですが、話し合いによる解決が望ましいので、まずは調停を申し立てるのが通常でしょう。いきなり審判を申し立てても、裁判官の判断で調停手続に移されることが多いです。

税　ありがとうございます。あまり揉めないといいのですが…。

 相続と遺産分割

　相続は、亡くなった人の権利義務のうち、一身専属性のあるものを除き、すべてを相続人に包括承継させる手続きです（一身専属性のある権利義務とは、その人にしか認められない権利義務のことで、委任契約や雇用契約における当事者の地位などをいいます）。
　では、「相続」はいつ開始するのでしょうか。
　この点、民法882条は「相続は、死亡によって開始する」と規定しています（余談ですが、同条は五七五調の珍しい条文です）。すなわち、包括承継させる手続きである**「相続」は、死亡によって開始します**。
　では、相続は、いつ終了するのでしょうか。
　相続とは、権利義務を承継させる手続きです。単独相続の場合は、死亡と同時に唯一の相続人に権利義務が承継されるので、相続は開始すると同時に終了することなり、あとは相続放棄をするか否かの問題だけが残ります。
　もちろん、名義変更などの形式的な手続きは残りますが、実体法上の権利義務は死亡と同時に相続人に承継されることに変わりありません。
　他方、相続人が複数いる場合、相続財産をどのように割り当てるかを具体的に決めなければ、相続人に権利義務が承継されないので、相続の手続きは終了しません。
　この割当作業のことを**遺産分割**といいます。
　相続人間で遺産分割協議を行い、相続財産を現実に相続人に分属させることで、権利義務の承継手続が終了し、相続が終了するのです。
　すなわち、相続人が複数いる場合、遺産分割は必須の手続きとなるの

です。

　なお、遺産分割による割当（分属）の効力は、相続開始時点にさかのぼって生じるものとされています（民909）。

■相続の開始と終了（相続人が複数の場合）

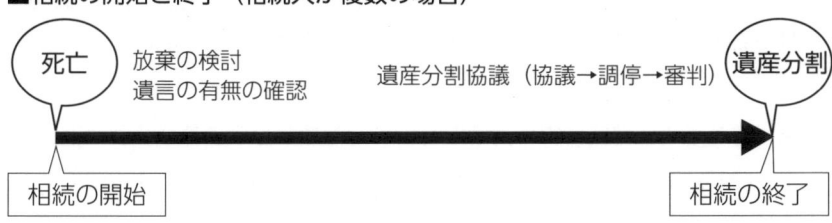

 ## 弁護士が入ると、さらに揉める？

別の日、甲野税理士と乙山弁護士との間で交わされた会話です。

税 ところで、非常に申し上げにくいことですが、今まで、クライアントの相続案件を弁護士に紹介したことが何度かあり、そのすべての案件で、さらに揉めてしまい、解決までに長い時間がかかってしまったという苦い経験があります。
　ですから、クライアントの相続案件を弁護士に紹介するのが、正直怖くなっているのです。一般的に、弁護士が入ると相続紛争がさらに激しくなるという傾向はあるのでしょうか？

弁 私も、そのような不満を税理士から聞くことはたびたびあります。
　たしかに、弁護士が入ることによって、相続紛争が激化することはあるかもしれません。
　しかし、それは、弁護士が相続紛争の激化を望んでいたり、駆り立てたりしているわけではなく、弁護士がクライアントに遺産分割における必要な知識、見通しを教示した結果であり、正確な知識を身につけたクライアントの意思そのものなのです。
　私たち弁護士は、職務の公正を担保するため、**利益相反行為や双方代理**を非常に厳格にとらえており、依頼を受けた**クライアントの権利や正当な利益を守るために**職務を遂行します。
　よって、相続案件においても、弁護士は、クライアントの利益が最大化する方法を模索し、クライアントに説明します。説明を受けたクライアントが自らの利益のため、必要な権利主張を行い、結果的に紛争が激化することもありうるのです。

税　なるほど。たしかに、相続税の申告を担う税理士は、遺産分割協議をどのようにまとめるかという全体的な視点で相続を見ていますが、弁護士は、相続人1人ひとりの立場で相続を見ているのですね。

弁　そうですね。見方の違いはあると思います。

　ただし、弁護士も、クライアントの立場から、一方的に権利主張をするだけではありません。敗訴リスク、長期化することによる負担（費用、労力、時間）、相互譲歩の必要性なども説明します。早期解決や円満解決は、クライアントにとっても価値の高いことですからね。

　クライアントが正確な知識を持って、譲らないところは譲らず、譲るべきところは譲って、自らが納得する遺産分割協議を進めていくことが大切なのです。その支援をするのが弁護士の役割なのです。

税　なるほど。弁護士の業務がよくわかりました。

1 利益相反行為、双方代理

利益相反行為とは、当事者双方の利益が相反する行為をいいます。

弁護士は、クライアントの利益と相手方の利益が相反する場合、相手方に関する職務を行ってはならないものとされています（弁護士職務基本規程27、28）。

これは、クライアントの利益の保護、弁護士の職務執行の公正の確保を趣旨とした、弁護士にとってとても重要な中核的義務の1つとされています。

よって、弁護士は、遺産分割協議においても、利益の相反する複数の相続人の利益を代弁することは許されず、特定のクライアントの権利及び正当な利益の追及に努めなければならないのです（もっとも、クライアントから譲歩を引き出すことが、結果的にクライアントの利益になることもあることは上記会話のとおりです）。

双方代理とは、利益相反行為の典型的な態様であり、利害が対立する両当事者の双方の代理人に同一人が就任することです。なお、民法上、弁護士に限らず双方代理による法律行為は原則として無効になります（民108本文）。

2 相手に弁護士がついた場合の対応

本ケースにおいて、次郎さんが早々に弁護士に依頼した場合、甲野税理士としてはどのような対応をすべきなのでしょうか。

弁護士法上、甲野税理士が太郎さんの代理人の立場で、次郎さんの弁護士と遺産分割協議をすることはできません（弁護士法72「非弁護士の法律事務の取扱い等の禁止」）。

そこで、甲野税理士としては、速やかに太郎さんに弁護士を紹介して、三者（相続人、税理士、弁護士）で打合せを行い、弁護士に遺産分割協議を進めていってもらうことになります。税理士の役割としては、被相続人の遺産の整理をしたり、会社の株価を分析するなどして、遺産分割協議に向けた支援を行うことになります。

また、被相続人が死亡してから10か月以内に遺産分割協議がまとまらない見込みの場合は、法定相続分で相続税を申告する必要もあります（相法55）。

# 相続の流れ
（相続人が複数いるケース）

　相続の開始から終了までの手続きの流れは、次ページのとおりです。
　ここでは、㉘・㉁という印をつけました。
　㉘と記載している部分は、相続案件においてもっぱら税理士が関わる手続きであり、㉁と記載している部分は、もっぱら弁護士が関わる手続きです。
　本書では、㉁の部分を中心に、具体的な流れ、イメージを説明していきます。

■一般的な相続の流れ(相続人が複数いる場合)

```
                    ┌──────────────┐
                    │ 被相続人の死亡 │
                    └──────┬───────┘
                           ↓
                    ┌──────────────┐
                    │ 相続財産の調査(※) │
                    └──────┬───────┘
          債務超過ではない  │   債務超過である
         ┌─────────────────┼─────────────────┐
         ↓                 ↓                 ↓
    ┌─────────┐      ┌──────────┐      ┌──────────┐
    │ 単純承認 │      │㊖ 相続放棄│      │㊖ 限定承認│
    └────┬────┘      └──────────┘      └──────────┘
         ↓
    ┌──────────────┐
    │ 遺言の有無の確認(※) │
    └──────┬───────┘
    遺言なし │ 遺言あり
     ┌──────┴──────┐
     ↓             ↓
┌──────────┐  ┌──────────┐
│㊗㊖遺産分割協議│  │㊗㊖遺言執行│
└────┬─────┘  └─────┬────┘
 協議不成立│協議成立    │遺留分侵害あり
     ↓         ↓       ↓
┌──────────┐        ┌──────────────┐
│㊖遺産分割調停│        │㊖遺留分減殺請求│
└────┬─────┘        └──────┬───────┘
     │  ┌─────────────────┐       ↓
     │  │1. 相続人の確定    │  ┌──────────────┐
     │  │2. 相続財産の範囲の確定│  │㊖協議・調停・裁判│
     │  │3. 相続財産の評価  │  └──────┬───────┘
     │  │4. 特別受益・寄与分の考慮│         │
     │  │5. 具体的な分割方法の確定│         │
     │  └─────────────────┘         │
 調停不成立│ 調停成立                      │
     ↓         │                        │
┌──────────┐  │                        │
│㊖遺産分割審判│  │                        │
└────┬─────┘  │                        │
     └─────────┴────────────────────────┘
                      ↓
              ┌──────────────┐
              │ 遺産分割手続の終了 │
              └──────┬───────┘
                     ↓
              ┌──────────────┐
              │ ㊗相続税の申告 │
              └──────────────┘
```

※ 相続財産の調査と遺言の確認は、通常並行して実施します。

第2章

相続の放棄・限定承認

 # シチュエーション

　甲野税理士は、乙山弁護士のアドバイスに従い、まずは亡大介さんの相続財産の調査をすることにしました。
　すると、亡大介さんは、青山商事の株式、青山商事の借入の担保に入っている自宅不動産のほかは、目立った資産を保有しておらず、他方、青山商事のみなと銀行からの多額の借入に関する連帯保証債務を負っていたことがわかりました。

　そこで、甲野税理士は、後継者ではない次郎さんに対し、この事情を説明して、相続放棄を勧めようと考え、相続放棄のイメージをつかむために、乙山弁護士に相続放棄の概要を尋ねることにしました。

税　先日はアドバイスをありがとうございました。

　早速、大介さんの相続財産を調査したところ、青山商事の株式と自宅不動産のほか、若干の預貯金があるのみで、その他、目立った資産はありませんでした。

　そして、非上場の青山商事の株式は換価が難しいでしょうし、自宅不動産は青山商事の借入の担保に入っており、あまり価値がないように思います。

　さらに、大介さんは、青山商事のみなと銀行からの多額の借入を連帯保証しており、今後の会社の経営状況によっては、相続人が連帯保証責任を追及される可能性も否定できません。

　そこで、会社経営に関与していない次郎さんには、相続放棄を勧めようかと考えています。

　相続放棄の手続きを教えていただけますか？

弁　そうですか。たしかに、連帯保証債務は危険ですよね。次郎さんにとって、相続放棄は十分に理由のある選択だと思います。

　ご存知のとおり、相続放棄は、被相続人の一切の遺産（プラスとマイナス、資産と負債）を放棄し、相続しないこととする手続きです。

　相続放棄をする場合、自己のために相続開始があったことを知った日から3か月以内（「熟慮期間」といいます）に、家庭裁判所に**相続放棄の申述**をしなければなりません。

　また、3か月以内であっても、すでに相続財産を消費（処分）してしまった場合などは、相続を承認したものとみなされてしまい、以後、放棄はできないものとされています。

税　3か月以内ですか。結構短い期間ですね。

弁　そうですね。お葬式や四十九日などをしているとあっという間に過ぎてしまいますので、注意が必要です。

　もっとも、被相続人の財産調査に時間がかかる場合は、家庭裁判所

に**熟慮期間の伸長**を申し立てることもできます。
　また、本件では、青山商事の後継者である太郎さんが大介さんの遺産を相続しないという選択はありえないのですが、一般的な制度としては、相続人全員で**限定承認**をするという方法もあります。
　限定承認とは、遺産総額がプラスの場合にのみ相続し、マイナスの場合には放棄するという条件つきの承認です。

税　仮に、負債の存在を把握できず、相続放棄を検討できないまま3か月が経過してしまい、その後に多額の負債があることが判明した場合はどうなるのですか？

弁　原則として、もはや相続放棄はできません。ただし、相続財産の調査が著しく困難であり、かつ、被相続人に相続財産がまったくないと信じた場合には、例外的に相続放棄ができます。

まずはイメージをつかむ

1 相続放棄の申述

　相続放棄の手続きは、家庭裁判所に**相続放棄の申述書を提出**することで行います（**記載例①**）。申述書には、戸籍等の資料を添付する必要があります。

2 相続放棄の申述受理

　申述書を提出すると、家庭裁判所から**照会書が郵送**されます。申述者は、照会書の照会事項（相続開始を知った日がいつか、遺産の処分や消費をしていないかなど）に回答を記載し、家庭裁判所に返送します。
　その後、家庭裁判所が相続放棄を受理するか否かの判断をして、受理する場合は、申述人に**相続放棄申述受理通知書**が送付されます（**記載例②**）。
　なお、平成24年度に相続放棄の申述が不受理となったケースはわずか2％程度で、実務上、ほとんどの申述が受理されています。申述書を提出してから、受理通知を受け取るまでの期間は1か月程度です。
　相続を放棄した事実を相続債権者に伝える場合や、相続を放棄しなかった相続人が相続登記や預金口座名義の変更をする必要がある場合、相続放棄申述受理証明書を使用することになります。**相続放棄申述受理証明書**（**記載例③－1、③－2**）は、別途、家庭裁判所に相続放棄申述受理証明申請書を提出して取得します。

相続放棄の申述自体は難解な手続きではないのですが、**相続の開始を知ってから3か月**という熟慮期間内に申述する必要があり（民915①本文）、この点に注意が必要です。

　また、相続放棄の申述が受理されても、相続放棄の効力が絶対的というわけではなく、相続債権者から、訴訟等によって相続放棄の効力を争われることがあります。

■相続放棄の流れ

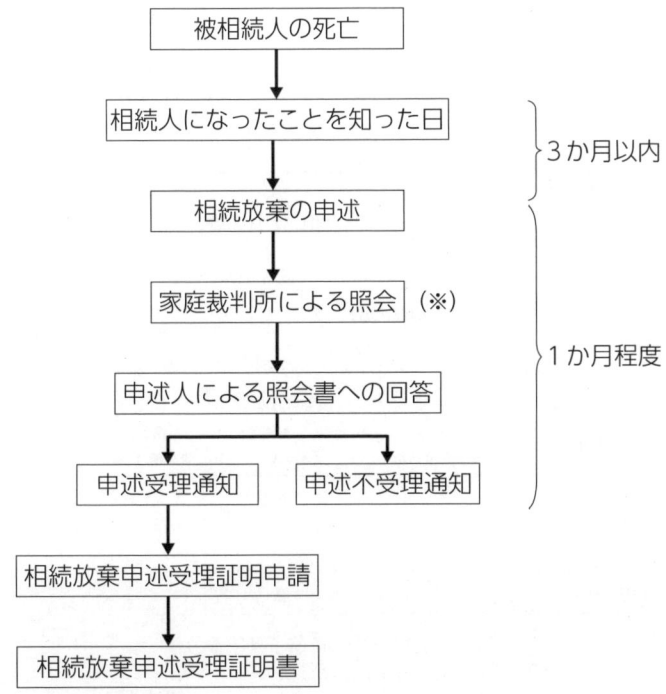

※　照会をしないケースもあります。

記載例① 相続放棄の申述書

相続放棄申述書

（この欄に収入印紙800円分を貼ってください。）

（貼った印紙に押印しないでください。）

受付印

収入印紙　　円
予納郵便切手　円

準口頭　　関連事件番号　平成　　年（家　　）第　　　　　　　　号

東京　家庭裁判所　御中　　平成 ○年 ○月 ○日

申述人（未成年者などの場合は法定代理人の記名押印）　青山次郎　㊞

添付書類：（同じ書類は1通で足ります。審理のために必要な場合は、追加書類の提出をお願いすることがあります。）
☑ 戸籍（除籍・改製原戸籍）謄本（全部事項証明書）　合計2通
☑ 被相続人の住民票除票又は戸籍附票

申述人

本籍（国籍）	東京 ㊞都 道府県　○○区○○町○丁目○番地
住所	〒○○○-○○○○　電話 03（○○○○）○○○○　東京都○○区○○町○丁目○番○号　（　　方）
フリガナ 氏名	アオヤマ ジロウ　青山次郎
生年月日	大正・昭和・平成 ○年○月○日生（○○歳）
職業	会社員
被相続人との関係	※被相続人の……… ①子　2 孫　3 配偶者　4 直系尊属（父母・祖父母）　5 兄弟姉妹　6 おいめい　7 その他（　　）

法定代理人等

※ 1 親権者　2 後見人　3

住所	〒　-　　電話（　）　（　　方）
フリガナ 氏名	
フリガナ 氏名	

被相続人

本籍（国籍）	東京 ㊞都 道府県　○○区○○町○丁目○番○号
最後の住所	東京都○○区○○町○丁目○番○号
死亡当時の職業	会社役員
フリガナ 氏名	アオヤマ ダイスケ　青山大介
	平成○年○月○日死亡

（注）太枠の中だけ記入してください。　※の部分は、当てはまる番号を○で囲み、被相続人との関係欄の7、法定代理人等欄の3を選んだ場合には、具体的に記入してください。

申　述　の　趣　旨
相　続　の　放　棄　を　す　る　。

申　述　の　理　由	
※　相続の開始を知った日…………平成○年○月○日 　　① 被相続人死亡の当日　　　3　先順位者の相続放棄を知った日 　　2　死亡の通知をうけた日　　4　その他（　　　　　　　　　　　　　）	
放　棄　の　理　由	相　続　財　産　の　概　略
※ 1　被相続人から生前に贈与 　を受けている 2　生活が安定している。 ③　遺産が少ない。 ④　遺産を分散させたくない。 5　債務超過のため。 6　その他〔　　　　　　〕	資 　 産　農地……約＿＿＿平方メートル　　現　金………約○○万円 　　　　　　　　　　　　　　　　預貯金 　　山林……約＿＿＿平方メートル　　有価証券……約○○万円 　　宅地……約○○平方メートル 　　建物……約○○平方メートル 負　債……………………約＿＿＿＿＿＿万円

(注)　太枠の中だけ記入してください。　※の部分は、当てはまる番号を○で囲み、申述の理由欄の4、放棄の理由欄の6を
　　　選んだ場合には、（　）内に具体的に記入してください。

記載例②　相続放棄の申述受理通知書

申述人　青山次郎　様

相 続 放 棄 申 述 受 理 通 知 書

被相続人氏名	青山大介　平成〇年〇月〇日死亡		
申述人 氏　名	青山次郎		
申述人 事件番号	平成〇年（家）第〇号	申述を受理した日	平成〇年〇月〇日

あなたの申述は以上のとおり受理されましたので、通知します。
なお、手続費用は申述人の負担とされました。

　　　　平成〇年〇月〇日
　　　　東京家庭裁判所
　　　　　　裁判所書記官　〇〇〇〇

記載例③-1　相続放棄の受理証明書（パターン1）

相続放棄申述受理証明書

事　件　番　号　　平成○年（家）第○号
申　述　人　氏　名　　青山次郎
被相続人氏名　　青山大介
本　　　　　籍　　東京都○○区○○町○丁目○○番地
最　後　の　住　所　　東京都○○区○○町○丁目○番○号
死　亡　年　月　日　　平成○年○月○日
申述を受理した日　　平成○年○月○日

　上記のとおり証明する。

　　　平成○年○月○日
　　　　東京家庭裁判所
　　　　　　裁判所書記官　　○○○○

記載例③-2　相続放棄の受理証明書（パターン２）

相続放棄申述受理証明書

被相続人	氏　　名	青山大介			
	本　　籍	東京都○○区○○町○丁目○番地			
申述人	氏　　名	青山次郎			
	事件番号	平成○年（家）第○号	申述を受理した日	平成○年○月○日	

以上のとおり証明する。

　　　　平成○年○月○日
　　　　　東京家庭裁判所
　　　　　　　裁判所書記官　　○○○○

3 熟慮期間の伸長

　相続開始後3か月では相続財産の調査が完了せず、相続放棄をすべきか否かの判断ができない場合、法定相続人は、家庭裁判所に対し、**相続の承認または放棄の期間の伸長申立**を行うことができます（記載例④）。

　家庭裁判所は個別事案に応じて、必要と認める期間の伸長を認めます（記載例⑤）。

記載例④　相続の承認または放棄の期間の伸長申立書

受付印	家事審判申立書　事件名（相続の承認又は放棄の期間の伸長）
	（この欄に申立手数料として1件について800円分の収入印紙を貼ってください。）
収入印紙　　円 予納郵便切手　円 予納収入印紙　円	（貼った印紙に押印しないでください。）

準口頭	関連事件番号　平成　　年（家　　）第　　　　　　　　　号

東京家庭裁判所 　　　　　御中 平成○年○月○日	申　立　人 （又は法定代理人など） の記名押印	青　山　太　郎　　㊞ 青　山　次　郎　　㊞

添付書類	（審理のために必要な場合は、追加書類の提出をお願いすることがあります。） 申立人及び被相続人の戸籍謄本（全部事項証明書）合計　2通 住民票除票　1通

申立人	本　籍 (国　籍)	東京都○○区○○町○丁目○番○号		
	住　所	〒○○○-○○○○ 東京都○○区○○町○丁目○番○号	電話 03（○○○○）○○○○ （　　　　　方）	
	連絡先	〒　　－ （注：住所で確実に連絡できるときは記入しないでください。）	電話（　　）（　　　　　方）	
	フリガナ 氏　名	アオヤマ　タロウ 青　山　太　郎	大正 ㊰昭和㊱ 平成	○年○月○日生 （○○歳）
	職　業	会社役員		

申立人	本　籍 (国　籍)	東京都○○区○○町○丁目○番地		
	住　所	〒○○○-○○○○ 東京都○○区○○町○丁目○番○号	電話 03（○○○○）○○○○ （　　　　　方）	
	連絡先	〒　　－ （注：住所で確実に連絡できるときは記入しないでください。）	電話（　　）（　　　　　方）	
	フリガナ 氏　名	アオヤマ　ジロウ 青　山　次　郎	大正 ㊰昭和㊱ 平成	○年○月○日生 （○○歳）
	職　業	会社員		

※	本　籍 (国　籍)	東京都○○区○○町○丁目○番地		
被相続人	最後の住所	〒○○○－○○○○　　　　　　　　電話 03（○○○○）○○○○ 東京都○○区○○町○丁目○番○号		（　　　　　方）
	連絡先	〒　　－　　　　　　　　　　　電話　　（　　　　） (注：住所で確実に連絡できるときは記入しないでください。)		（　　　　　方）
	フリガナ 氏　名	アオヤマ　ダイスケ 青山　大介	大正 昭和 平成	○年○月○日生 （○○歳）
	職　業	会社役員		

(注)　太枠の中だけ記入してください。
※の部分は、申立人、法定代理人、成年被後見人となるべき者、不在者、共同相続人、被相続人等の区別を記入してください。

申　立　て　の　趣　旨

　申立人らが、被相続人青山大介の相続について承認又は放棄する期間を、平成○年○月○日まで伸長するとの審判を求める。

申　立　て　の　理　由

1．申立人らは、被相続人の子であり、相続人は申立人らだけである。

2．被相続人は、平成○年○月○日死亡し、同日申立人らは相続の開始を知った。

3．申立人らは、被相続人の相続財産の調査をしているが、被相続人には生前の事業経営による負債も相当額あるようである。

4．そのため、法定期間内に、相続を承認するか放棄するかの判断をすることが困難な状況にある。

5．よって、この期間を○ヶ月伸長していただきたく、本件を申し立てる。

記載例⑤　審判書

平成○年（家）第○号
相続の承認又は放棄の期間の伸長申立事件

　　　　　　　　　審　　判

本　　籍　東京都○○区○○町○丁目○番○号
住　　所　東京都○○区○○町○丁目○番○号
　　　　　　申　立　人　青　山　太　郎

本　　籍　東京都○○区○○町○丁目○番地
住　　所　東京都○○区○○町○丁目○番○号
　　　　　　申　立　人　青　山　次　郎

本　　籍　東京都○○区○○町○丁目○番○号
最後の住所　東京都○○区○○町○丁目○番○号
　　　　　　被　相　続　人　青　山　大　介
　　　　　　　　（平成○年○月○日死亡）

　上記申立人らからの相続の承認又は放棄の期間伸長申立事件について、当裁判所は、その申立てを相当と認め、次のとおり審判する。

　　　　　　　　　主　　文
　申立人らが被相続人亡青山大介の相続について承認又は放棄をする期間を平成○年○月○日まで伸長する。

　　平成○年○月○日
　　　　東京家庭裁判所
　　　　　　家事審判官　　○○○○

3 具体的な実務の手続き

1 相続放棄の手続き

　法定相続人は、自己のための相続開始を知った日（相続人になることを知った日）から3か月（熟慮期間）以内であれば、相続放棄をすることができます（民915①）。

　ただし、熟慮期間内であっても、遺産分割をするなど相続することを承認すれば、もはや相続放棄をすることはできません（民920：単純承認）。

　また、相続財産を処分したり（売掛金の請求、借入金の返済、賃料振込口座の変更など）、消費したり、隠匿した場合も、もはや相続放棄をすることはできなくなります（民921：法定単純承認）。

（単純承認の効力）
第920条　相続人は、単純承認をしたときは、無限に被相続人の権利義務を承継する。
（法定単純承認）
第921条　次に掲げる場合には、相続人は、単純承認をしたものとみなす。
　一　相続人が相続財産の全部又は一部を処分したとき。ただし、保存行為及び第602条に定める期間を超えない賃貸をすることは、この限りでない。
　二　相続人が第915条第1項の期間内に限定承認又は相続の放棄をし

> なかったとき。
> 三　相続人が、限定承認又は相続の放棄をした後であっても、相続財産の全部若しくは一部を隠匿し、私にこれを消費し、又は悪意でこれを相続財産の目録中に記載しなかったとき。ただし、その相続人が相続の放棄をしたことによって相続人となった者が相続の承認をした後は、この限りでない。

　相続放棄をするには、熟慮期間内に家庭裁判所（被相続人の最後の住所地を管轄する家庭裁判所）に相続放棄の申述書を提出します（民938、**20ページ記載例①**）。

　申述書の提出に際しては、被相続人の住民票除票、被相続人が死亡した記載のある戸籍（除籍）謄本、申述人が被相続人の相続人であることがわかる戸籍謄本などを添付しなければなりません。

　申述を受けた家庭裁判所は、申述人に照会書を送付し、相続放棄の意思はあるか、熟慮期間は経過していないか、遺産の処分や消費はないか、相続を放棄する理由などの照会を行います（照会しないこともあります）。そして、家庭裁判所は、照会内容を検討して、相続放棄の申述を受理するか否かの判断をします。

　そして、家庭裁判所が申述を受理する場合には、相続放棄申述受理通知書を発送します（**22ページ記載例②**）。一方、受理しない場合は不受理通知を発送します。申述をしてから受理・不受理通知の送付まで、通常1か月程度かかります。

　相続放棄を相続債権者に証明したり、相続登記や預金口座名義の変更手続をするため、相続放棄申述受理証明書（**23～24ページ記載例③－1、③－2**）が必要な場合には、別途、家庭裁判所に相続放棄申述受理証明申請書を提出しなければなりません。

　被相続人の子どもたちが被相続人の債務超過を理由に相続放棄した場

合、子どもたちははじめから相続人とならなかったものとみなされる結果（民939）、被相続人の親や兄弟が相続人となってしまい（民889①）、今度は親や兄弟が相続放棄をする必要が生じるので注意が必要です。

なお、兄弟が相続放棄をした場合、兄弟の子どもたちが代襲相続することはありません（つまり、放棄する必要はありません）。

2 限定承認

限定承認とは、相続によって得た財産の限度においてのみ、被相続人の債務などを弁済することを留保してなされる相続の承認です（民922）。

言い換えると、限定承認は、負債よりも資産のほうが多い場合はそのまま相続を承認し、資産よりも負債のほうが多い場合（債務超過）は相続を放棄するという手続きであり、結果として、相続人は有限責任を負担することになるのです。

そして、この限定承認の申述は、相続人全員で行う必要があります（民923）。これは、相続放棄との大きな違いです。

なお、相続を放棄した者は、はじめから相続人とならなかったものとみなされるので（民939）、相続人の中に相続を放棄する者がいる場合、残りの相続人で限定承認の申述をすれば足ります。

相続人が限定承認をした場合、相続人（相続人が複数いる場合は家庭裁判所が相続人の中から選任した相続財産管理人）は、相続債権者に催告や公告を行い（民927）、清算手続を行わなければなりません（民929、932）。

3 相続があったことを知った日とは（熟慮期間の起算点）

　熟慮期間の起算点は、被相続人の死亡した日ではなく、自己のために相続があったことを知った日、すなわち自己が相続人になったことを知った日です（民915）。

　被相続人の子どもたち全員が相続放棄をすると、被相続人の親や兄弟（第二順位）が相続人となります（民889①）。

　子どもたちが被相続人の債務超過を理由に相続放棄をした場合、被相続人の親や兄弟も、被相続人の負債を相続しないように相続放棄をする必要があります。この場合の、親や兄弟にとっての「相続のあったことを知った日」とは、子どもたちが相続放棄をしたことを知った日（あらかじめ相続放棄を聞かされていた場合は相続放棄の申述受理を知った日）ということになります。

　では、相続債務の存在を知らずに3か月が経過した場合、もはや相続放棄はできないのでしょうか。

　この点、最高裁昭和59年4月27日判決は、「熟慮期間は相続人が相続財産の全部または一部の存在を認識したときまたは通常これを認識しうべきときから起算するのが相当であるが、3か月以内に相続放棄をしなかったのが、被相続人に相続財産がまったく存在しないと信じたためであり、かつ、被相続人の生活歴、被相続人と相続人との間の交際状態その他諸般の状況からみて当該相続人に対し相続財産の有無の調査を期待することが著しく困難な事情があって、相続人において右のように信ずるについて相当な理由があると認められるときには、なお、相続放棄ができる」という旨判示しています。

　なお、上記判例は、相続人が積極財産・消極財産の双方を認識していなかった事案における判断です。相続人が相続時に積極財産を認識しつつ、後日、それを超える消極財産が判明した場合に熟慮期間の例外を認

めるべきかについては、解釈・判断が分かれています。

それゆえ、相続放棄の申述が家庭裁判所に受理されたとしても、その後、債権者と争いになることがあるのです（5参照）。

4 熟慮期間の伸長

相続の放棄をするか否かは、熟慮期間内に相続財産の調査を行い、判断しますが、中には、相続財産の把握に時間がかかり、3か月では結論が出せないこともあります。

そのような特別な事情がある場合、法定相続人は、家庭裁判所に対し、相続の承認または放棄の期間の伸長申立を行うことができます（**26ページ記載例④**）。

申立を受けた家庭裁判所は、個別事案に応じて伸長の是非を判断し、伸長が相当と認める場合、一定期間の伸長を認める審判を言い渡し、伸長が不相当と認める場合、却下の審判を言い渡します（**28ページ記載例⑤**）。

なお、熟慮期間の再度の伸長が必要な場合、法定相続人は、再度の伸長申立を行うこともできます。

5 申述受理後の債権者対応（相続放棄の効力）

相続放棄の申述が無事受理されたとしても、「相続放棄」に絶対的な効力があるわけではありません。

相続放棄の要件を満たしていないと考える債権者は、法定相続人を被告として訴訟を提起し（貸金返還請求訴訟など）、当該訴訟の中で相続放棄の効力が争われることになります。

相続放棄の効力につき、裁判で争われる場合、主な争点としては、①

熟慮期間が徒過していたのではないか、②法定単純承認事由である「相続財産の処分や消費」があったのではないか、などが考えられます。

4 限定承認後の実務手続

甲野税理士が、実務上あまり取扱いのない限定承認について、乙山弁護士に尋ねています。

> 税　ところで、実務で限定承認というのはほとんど聞かないのですが、具体的にどのように手続きを進めるのでしょうか？
> 「催告」「公告」「清算手続」といっても、なかなかイメージがわかないもので…。
>
> 弁　たしかに、そうですね。統計データを見ても、平成24年度の限定承認の申述受理件数はわずか833件で、死亡者数に占める割合は約0.066％にとどまります。実務ではあまり利用されていない手続きではあります。

限定承認の意義や申述については、31ページ <u>2</u> をご参照ください。

限定承認の申述をすると、限定承認者または相続財産管理人（以下「限定承認者等」といいます）は、限定承認をした後5日以内（相続財産管理人の選任があった場合は、選任後10日以内）に催告、公告をしなければなりません（民927、936③）。

「催告」とは、限定承認者等がすでに把握している債権者に対し、限定承認したこと及び債権の申出をすべきことを個別に伝えることです。「公告」とは、同内容を官報などに掲載して広く伝えることです。

その後、限定承認者等は、相続財産を換価し、相続債務を確定させ、相続債権者に案分配当をしていきます。この相続財産を換価して、相続

債権者に弁済（案分配当）する手続きを**清算手続**といいます。

相続財産を換価する際、原則として競売をする必要がありますが、限定承認者等が自ら買い受けることも可能で、その場合は、家庭裁判所が選任した鑑定人の評価額に従います（民932）。

弁済したあともなお相続財産が残っている場合（残余財産）、相続人が相続することになります。相続人が複数いる場合は、遺産分割協議を行います。

なお、限定承認により相続した資産については、被相続人が相続人に時価で**譲渡したものとみなされます**ので（所法59①）、不動産等の含み益（値上がり益）が顕在化する場合には、当該含み益分が譲渡所得として認識され、所得税が発生する可能性があるので注意が必要です。

5 データから見る相続放棄、限定承認

1 相続放棄

　平成24年度の相続放棄の申述受理件数は16万9,300件です。

　昭和30年度から平成24年度までの件数の推移を見てみると、昭和50年度・60年度にいったん減少したものの、近年は年々件数を増やしていることがわかります。

　この近年の増加傾向の要因は、少子高齢化を中心として、家族規範の多様化、高齢者層への資産偏在、家庭・地域社会における紛争解決能力の低下など、さまざまなものが考えられます。

　なお、相続放棄の申述は、限定承認の申述と異なり、相続人全員でする必要はないので、相続事案において、どのくらいの割合で相続放棄がなされているかは統計資料から判断することはできません。

■相続放棄事件数の動向

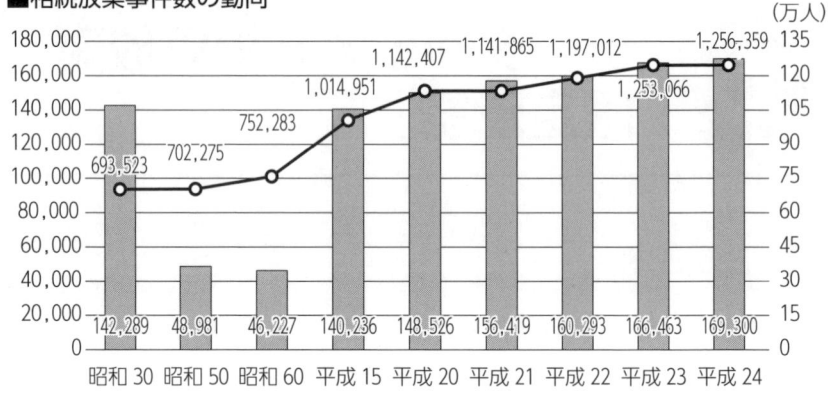

	昭和30	昭和50	昭和60	平成15	平成20	平成21	平成22	平成23	平成24
申述受理件数	142,289	48,981	46,227	140,236	148,526	156,419	160,293	166,463	169,300
死亡者数	693,523	702,275	752,283	1,014,951	1,142,407	1,141,865	1,197,012	1,253,066	1,256,359

(出典)最高裁判所事務総局「司法統計年報－家事事件編－」(平成24年度)の「第2表 家事審判・調停事件の事件別新受件数－全家庭裁判所」、厚生労働省「平成24年(2012)人口動態統計(確定数)」の「第2表－1 人口動態総覧の年次推移」に基づき、著者が作成。

　下表は、平成24年度の相続放棄申述事件の処理結果です。相続放棄の申述は、例年その97％以上が認容されていますので、形式を整えて裁判所に申述書を提出すればほぼ認容してもらえる手続きといえるでしょう。

■平成24年度　相続放棄申述事件の処理結果内訳

	件　数	割　合（小数点第2位まで表示）
終　了　事　件　数	169,215件	―
認　　　　　　容	165,249件	97.66%
却　　　　　　下	631件	0.37%
取　　　下　　　げ	2,594件	1.53%
そ　　の　　他	741件	0.44%

(出典)最高裁判所事務総局「司法統計年報－家事事件編－」(平成24年度)の「第3表　家事審判事件の受理、既済、未済手続別事件別件数－全家庭裁判所」に基づき、著者が計算。

2 限定承認

平成24年度の限定承認の申述受理件数は833件です。

死亡者数に占める割合は約0.066％にとどまり、相続事案1,500件につき1件の割合で限定承認の申述がなされています。

昭和30年度から平成24年度までの件数の推移を見てみると、平成の時代に入って件数が増加した以後は、大きな件数の変動は見られません。

■限定承認事件数の動向

年度	申述受理件数	死亡者数（万人）
昭和30	587	693,523
昭和50	237	702,275
昭和60	451	752,283
平成15	995	1,014,951
平成20	897	1,142,407
平成21	978	1,141,865
平成22	880	1,197,012
平成23	889	1,253,066
平成24	833	1,256,359

（出典）最高裁判所事務総局「司法統計年報－家事事件編－」（平成24年度）の「第2表　家事審判・調停事件の事件別新受件数－全家庭裁判所」、厚生労働省「平成24年（2012）人口動態統計（確定数）」の「第2表－1　人口動態総覧の年次推移」に基づき、著者が計算。

下表は、平成24年度の限定承認申述事件の処理結果です。

　限定承認の申述は、相続放棄よりも若干下回りはするものの、例年その93～96％が認容されていますので、限定承認についても形式を整えさえすればほぼ認容してもらえる手続きといえるでしょう。

■平成24年度 限定承認申述事件の処理結果内訳

	件　数	割　合 (小数点第2位まで表示)
終 了 事 件 数	846件	—
認　　　　容	789件	93.26%
却　　　　下	10件	1.18%
取　　下　　げ	39件	4.61%
そ　の　他	8件	0.95%

(出典) 最高裁判所事務総局「司法統計年報－家事事件編－」(平成24年度)の「第3表　家事審判事件の受理、既済、未済手続別事件別件数－全家庭裁判所」に基づき、著者が計算。

3 熟慮期間の伸長

　平成24年度の熟慮期間の伸長の申立受理件数は6,694件です。

　昭和30年度から平成24年度までの件数の推移を見てみると、平成の時代に入って大幅に増加して以後、少しずつ増加していることがわかります。

　なお、熟慮期間の伸長も、相続放棄の申述と同様、相続人全員でする必要はないので、相続事案において、どのくらいの割合で熟慮期間の伸長がなされているかは統計資料から判断することはできません。

■熟慮期間伸長事件数の動向

	昭和30	昭和50	昭和60	平成15	平成20	平成21	平成22	平成23	平成24
申立受理件数	3,846	828	835	3,761	5,045	5,658	6,150	7,014	6,694
死亡者数	693,523	702,275	752,283	1,014,951	1,142,407	1,141,865	1,197,012	1,253,066	1,256,359

（出典）最高裁判所事務総局「司法統計年報－家事事件編－」（平成24年度）の「第2表　家事審判・調停事件の事件別新受件数－全家庭裁判所」、厚生労働省「平成24年（2012）人口動態統計（確定数）」の「第2表－1　人口動態総覧の年次推移」に基づき、著者が計算。

　下表は、平成24年度の熟慮期間伸長申立事件の処理結果です。

　熟慮期間伸長の申立は、例年その87〜94％が認容されていますので、比較的認容決定を受けやすい手続きといえるでしょう。

■平成24年度　熟慮期間伸長申立事件の処理結果内訳

	件　数	割　合 (小数点第2位まで表示)
終了事件数	6,768件	―
認　　容	6,401件	94.58%
却　　下	29件	0.43%
取下げ	273件	4.03%
その他	65件	0.96%

（出典）最高裁判所事務総局「司法統計年報－家事事件編－」（平成24年度）の「第3表　家事審判事件の受理、既済、未済手続別事件別件数－全家庭裁判所」に基づき、著者が計算。

6 弁護士費用、手続費用

1 弁護士費用

　弁護士費用は、各弁護士が自由に定めることができるため、一律ではありませんが、一般的に着手金報酬金制（着手時に一定の費用を受け取り、解決時に成功程度に応じた費用（成功報酬）を受け取る料金体系）を採用する弁護士が多いです。

　そして、相続放棄・限定承認の弁護士費用に関する統計資料等はありませんが、ホームページ等で基準を明示している事務所では、次のような基準で着手金、報酬金を定めているところが多く見られます。

＜相続放棄＞
　　相続人1人あたり着手金・報酬金合計で2～15万円程度
　　＋相続人1人追加ごとに2～5万円程度

＜限定承認＞
　・着手金
　　相続人1人あたり10～40万円程度
　　＋相続人1人追加ごとに5～10万円程度
　・報酬金
　　残余財産がある場合　→　残余財産額の10～15％
　　残余財産がない場合　→　相続人1名につき10～30万円

2 手続費用

　申述費用（収入印紙代）は、申述人1人につき800円です。

　また、連絡用の郵便切手（金額については、管轄する家庭裁判所にお問い合わせください）も預ける必要があります。

　なお、限定承認も申述費用は同じ800円ですが、その他、公告費用（官報掲載費用4万円程度）などがかかります。

第3章

遺言とその執行

1 シチュエーション

　甲野税理士は、次郎さんに相続の放棄を勧めたものの、残念ながら、次郎さんに断られてしまいました。

　そこで、甲野税理士は、亡大介さんの遺言が存在しないか、近くの公証役場に遺言の検索を依頼してみることにしました。

　すると、亡大介さんは、随分前に公正証書遺言を作成していたことがわかりました。

　遺言は、「青山商事の株式、自宅不動産は太郎さんに相続させ、預貯金類は次郎さんに相続させる」という内容で、おおむね太郎さんの意向に沿うものでした。

　甲野税理士は、遺言のこと、遺言執行のことを乙山弁護士に尋ねました。

税　公証役場に問い合わせたところ、なんと、公正証書遺言が出てきました。
　早速、遺言の内容を見てみたところ、青山商事の株式や自宅不動産を太郎さんに相続させるという内容だったので、私も太郎さんも安堵しています。

弁　それは良かったですね。あまり知られていませんが、公正証書遺言は、公証役場に検索依頼をすることで容易に発見できるというメリットがあるのです。

税　そこで、このあとの進め方について教えていただけませんか？
　遺言が見つかると、家庭裁判所の検認が必要と聞いたことがあるのですが、今回も検認をする必要はあるのでしょうか？

弁　遺言は「**自筆証書遺言**」「**公正証書遺言**」「**秘密証書遺言**」の3種類あるのですが、**検認**が必要なのは自筆証書遺言と秘密証書遺言のみです。大介さんの遺言は公正証書なので、検認をする必要はありません。ちなみに、すでに開封されている自筆証書遺言の場合でも検認は必要です。

税　自筆証書遺言の場合、検認をしないと遺言の効力はないということですか？

弁　そういうわけではありません。検認は、遺言の変造や隠匿を防止するためになされるものであり、遺言の効力とは関係ありません。
　もっとも、検認手続を経ないと、遺言内容に不満を持つ相続人から遺言の有効性に疑義を呈されることもあるでしょうし、検認手続を怠った場合は、5万円以下の過料に処せられることもあります。

税　遺言の執行はどのように行うのでしょうか？

弁　遺言執行者の指定がある場合は、その就職（就任）に承諾した遺言執行者が、法定相続人や受遺者（遺贈を受けた者）など利害関係人に就職通知を送り、その後、相続財産を調査して財産目録を作成し、遺

言内容を実現していきます。そして、最後に完了通知を出して終了です。

税　遺言には必ず遺言執行者がつくのですか？

弁　そうとは限りません。本件のように遺言に遺言執行者の指定がない場合は、法定相続人が遺言を執行することになります。
　　遺言執行者の指定はないものの、遺言執行者に執行を任せたほうが良い場合は、相続人などが家庭裁判所に遺言執行者の選任申立をすることもできます。

税　そうですか。本件で、次郎さんが遺言の内容に納得できず、争ってくるなんてことは想定されるのでしょうか？

弁　（大介さんの遺言を読んで）たしかに遺言の内容に若干の偏りがあるので、**遺言無効確認請求**や**遺留分減殺請求**をしてくる可能性は否定できませんね。

税　それは大変そうですね…。

2 遺言の実務

1 遺言の種類

　遺言には、①**自筆証書遺言**（記載例⑥）、②**公正証書遺言**（記載例⑦）、③**秘密証書遺言**の３種類があり、いずれも、一定の方式に従って作成しないと効力が発生しない**厳格な要式行為**とされています。
①　自筆証書遺言
　自筆証書遺言は、すべて本人の手書きで作成し、日付及び氏名を記載し、押印する必要があります（民968）。
　簡単に作成できますが、他方で、要式を誤ると無効になったり、遺言能力が問題になったりするなどのリスクも多いです。また、相続開始後に**検認手続**が必要となります。
②　公正証書遺言
　公正証書遺言は、**公証役場**で作成する遺言です（民969）。証人２人以上の立ち会いが必要など、手続きは簡単ではなく、また、費用もある程度かかりますが、他方で、要式を誤るリスク、遺言能力が問題になるリスクは少ないです。また、検認手続は必要ありません。
　公正証書遺言は、いずれの公証役場でも作成することができ、また、いずれの公証役場でも遺言の有無を調べてもらうことができます(**遺言の検索**)。
③　秘密証書遺言
　秘密証書遺言は、公証人に遺言の存在のみを公証してもらう方法で作成する遺言ですが（民970）、実務ではあまり活用されていません。なお、自筆証書遺言と同様、相続開始後に検認手続が必要となります。

記載例⑥　自筆証書遺言

遺　言　書

　私は、以下のとおり遺言します。

第1条　私は、私が所有する自宅の土地・建物（住所：東京都〇〇区〇〇町〇丁目〇番地〇号）及び青山商事株式会社の株式の全てを、長男青山太郎に相続させる。

第2条　私は、私が所有する現金・預貯金の全てを、次男青山次郎に相続させる。

第3条　私は、私及び祖先の祭祀を主宰すべき者として長男青山太郎を指定する。

　　2　長男青山太郎には、墓地を含む青山家代々の墓及び仏壇など祭祀に必要な財産の一切を相続させる。

第4条　前3条に記載した財産以外の私の財産は、全て長男青山太郎に相続させる。

第5条　この遺言の執行者に、次の者を指定し、その報酬を50万円とする。

　　　　東京都〇〇区〇〇町〇丁目〇番
　　　　税理士　〇　〇　〇　〇
　　　　（昭和〇年〇月〇日生）

第6条　遺言執行者は、相続財産に含まれる預貯金債権の名義変更、解約、払戻し等のほか、この遺言を執行する上での一切の権限を有する。

第7条　相続財産の名義変更に要する費用、遺言執行費用及び遺言執行者の報酬は、次男青山次郎が相続した現金・預貯金より支出するものとする。

平成〇年〇月〇日

　　　　　　　　　　東京都〇〇区〇〇町〇丁目〇番〇号
　　　　　　　　　　　青　山　大　介　㊞

第3章　遺言とその執行

記載例⑦　公正証書遺言

平成○年○月○日第○○○号

遺言公正証書

　本公証人は、遺言者青山大介の嘱託により、証人○○○○、同○○○○の立会いのもとに、次のとおり遺言者の口述を筆記してこの証書を作成する。
　私、遺言者青山大介は、以下のとおり遺言します。
第1条　私は、その所有に属する次の財産を、長男・青山太郎（昭和○年○月○日生）に相続させる。
　　1　土地
　　　　所　　在　　東京都○○区○○町○丁目
　　　　地　　番　　○○○番○号
　　　　地　　目　　宅地
　　　　地　　積　　○○○．○○平方メートル
　　2　建物
　　　　所　　在　　東京都○○区○○町○丁目
　　　　家屋番号　　○○
　　　　種　　類　　居宅
　　　　構　　造　　鉄筋コンクリート造陸屋根2階建
　　　　床　面　積　　1階　　○○．○○平方メートル
　　　　　　　　　　　2階　　○○．○○平方メートル
　　3　株式
　　　青山商事株式会社　6,000株
第2条　私は、その所有に属する現金・預貯金の全てを、次男・青山次郎（昭和○年○月○日生）に相続させる。
第3条　私は、私及び祖先の祭祀を主宰すべき者として長男青山太郎を指定する。
　　2　長男青山太郎には、墓地を含む青山家代々の墓及び仏壇など祭祀に必要な財産の一切を相続させる。
第4条　その余の財産の一切を長男青山太郎に相続させる。
第5条　この遺言の執行者に、次の者を指定し、その報酬を50万円とする。

　　　　　東京都○○区○○町○丁目○番地
　　　　　税理士　　○○○○
　　　　　（昭和○年○月○日生）
第６条　遺言執行者は、相続財産の名義変更、解約、払戻し等のほか、この遺言を執行する上での一切の権限を有する。
第７条　相続財産の名義変更に要する費用、遺言執行費用及び遺言執行者の報酬は、次男青山次郎が相続した現金・預貯金より支出するものとする。
　　　　　　　　　　　　　　　　　　　　　　　以　　上

　　　　　　　　　　　　本旨外要件

東京都○○区○○町○丁目○番地○号
無職　　　　遺言者　青　山　大　介
　　　　　　昭和○年○月○日
　上記の者は、印鑑登録証明書を提出させて、人違いでないことを証明させた。
東京都○○区○○町○丁目○番地○○号
会社員　　　証　人　○　○　○　○
　　　　　　昭和○年○月○日生
東京都○○区○○町○丁目○○番地○○号
会社員　　　証　人　○　○　○　○
　　　　　　昭和○年○月○日生
　上記の記載事項を遺言者および証人に閲読させ、かつ読み聞かせたところ、一同この筆記の正確なことを承認し、各自それぞれ署名捺印する。
　　　　　　　遺言者　青　山　大　介　㊞
　　　　　　　証　人　○　○　○　○　㊞
　　　　　　　証　人　○　○　○　○　㊞
　この証書は、平成○年○月○日、本公証人役場において、民法第969条第１号ないし第４号所定の方式に従って作成し、同条第５号に基づき本公証人、次に署名押印する。
　東京都○○区○○町○丁目○○番地○○号
　　　　　　　東京法務局所属　公証人　○　○　○　○　㊞

2 検認手続

　遺言の保管者は、相続の開始を知ったあと、遅滞なく、**家庭裁判所に検認の申立**をしなければなりません（民1004）。相続人が遺言書を発見した場合も同様です（**記載例⑧⑨**）。

　この「遅滞なく」というのは、具体的な日数制限を課しているわけではありませんが、相続が開始したら、すみやかに検認を申し立ててくださいという趣旨です。

　検認手続では、相続人立ち会いのもと、裁判官が、審判廷において遺言の内容を確認し、**検認調書**を作成します。封印されている遺言は、検認手続の中で開封しなければなりませんが、封印されていない遺言、すでに開封されている遺言も検認手続をしなければなりません。

　この検認手続は、遺言の変造や隠匿を防止するための制度であり、遺言の有効性を判断する手続きではありません。よって、検認手続を経たからといって遺言が有効になるわけでも、検認手続を経ていないからといって遺言が無効になるわけでもありません。

　検認手続を怠り、遺言を執行した場合や、検認手続外で開封した場合は、5万円以下の過料に処せられます（民1005）。

3 遺言執行者

　遺言者は、遺言の中で遺言執行者を指定することができます（民1006）。

　もちろん、必ず遺言執行者を指定しなければならないわけではなく、遺言執行者が指定されていない場合には、法定相続人が遺言の執行を行うことになります。

　第三者への遺贈や寄付など、法定相続人による任意の執行が期待しに

くい場合や、遺産が多岐にわたり、遺言の執行業務が複雑な場合などは、遺言執行者を指定しておくことが望ましいでしょう。

　また、遺言書で指定されていない場合は、後日、相続人が家庭裁判所に**遺言執行者の選任**の申立をすることもできます（民1010）。その場合、申立書には、遺言執行者としての選任を希望する者を「候補者」として記載しておきます。

　遺言執行者の報酬が遺言に記載されておらず、法定相続人との協議でも決まらないときは、家庭裁判所に**報酬付与審判の申立**をすることになります。

　遺言執行者の業務の流れは、60ページ「3．遺言執行の実務」を参考にしてください。

記載例⑧　遺言書検認申立書

受付印		遺言書検認申立書
		（この欄に収入印紙を貼ってください。遺言書1通につき800円分）
収入印紙　　　　円		
予納郵便切手　　円		（貼った印紙に押印しないでください。）

準口頭	関連事件番号　平成　　年（家　　）第　　　　　号

東京家庭裁判所　　御中 平成○年○月○日	申　立　人 （又は法定代理人など） の記名押印	青　山　太　郎　　　㊞

添付書類	遺言者の戸（除）籍謄本（出生から死亡までのもの）　○通 相続人全員の戸籍謄本　2通

申立人	本　籍	東京　㊞都　道 　　　　府　県　　○○区○○町○丁目○番○号	
	住　所	〒○○○－○○○○　　　　　　　　電話　03（○○○○）○○○○ 東京都○○区○○町○丁目○番○号　　　　　　　　　（　　　方）	
	フリガナ 氏　名	アオヤマ　タロウ 青　山　太　郎	大正 ㊞昭和　○年○月○日生 平成
	申立資格	※ 　　1　遺言書の保管者　　②　遺言書の発見者	

遺言者	本　籍	東京　㊞都　道 　　　　府　県　　○○区○○町○丁目○番○号	
	住　所	〒　　－ 申立人住所と同じ 　　　　　　　　　　　　　　　　　　　　　　　　　（　　　方）	
	フリガナ 氏　名	アオヤマ　ダイスケ 青　山　大　介	平成○年○月○日死亡

（注）　太枠の中だけ記入してください。　※あてはまる番号を○でかこむこと。

申　立　て　の　趣　旨	
遺言者の自筆証書による遺言書の検認を求める。	

申　立　て　の　理　由	
封印等の 状　　況	※　① 封印されている。　　2 封印されていたが相続人（　　）が開封した。 　　　3 開封されている。　　4 その他（　　　　　　　　　　　　　　）
遺言書の 保管・発 見の状況 ・場所等	※　1 申立人が遺言者から昭和・平成　　年　　月　　日に預かり、下記の 　　　　場所で保管してきた。 　　　② 申立人が平成〇年〇月〇日下記の場所で発見した。 　　　3 遺言者が貸金庫に保管していたが、遺言者の死後、申立人が平成　年 　　　　月　　日から下記の場所で保管している。 　　　4 その他（　　　　　　　　　　　　　　　　　　　　　　　　　） 　　　（場所）東京都〇〇区〇〇町〇丁目〇番〇号 　　　　　　　申立人及び遺言者の自宅内の金庫
特記事項 その他	
相続人等の 表　　示	別紙相続人等目録記載のとおり

（注）太枠の中だけ記入してください。※の部分は、当てはまる番号を〇で囲み、4を選んだ場合には、（　）内に具体的に記入してください。

検　認　済　証　明　申　請　書
（この欄に遺言書1通につき収入印紙150円分を貼ってください。） （貼った印紙に押印しないでください。）
本件遺言書が検認済みであることを証明してください。 　　　　　平成　　　年　　　月　　　日 　　　　　　　　申立人　　　　　　　　　　　　　　　　　㊞

上記検認済証明書　通を受領した。 　　平成　　年　　月　　日 　　　　申立人　　　　　　　　㊞	上記検認済証明書　通を郵送した。 　　平成　　年　　月　　日 　　　　裁判所書記官　　　　　　㊞

第3章　遺言とその執行

相 続 人 等 目 録

※							
申立人兼相続人	住　所	〒○○○-○○○○ 東京都○○区○○町○丁目○番○号		電話 03（ ○○○○ ） ○○○○ （　　　　　方）			
	フリガナ 氏　名	アオヤマ　　タロウ 青 山 太 郎	大正 ㊵昭和 平成	○年○月○日生	続柄	長男	

※							
相続人	住　所	〒○○○-○○○○ 東京都○○区○○町○丁目○番○号		電話 03（ ○○○○ ） ○○○○ （　　　　　方）			
	フリガナ 氏　名	アオヤマ　　ジロウ 青 山 次 郎	大正 ㊵昭和 平成	○年○月○日生	続柄	次男	

※							
	住　所	〒　　－		電話　（　　） （　　　　　方）			
	フリガナ 氏　名		大正 昭和 平成	年　月　日生	続柄		

※							
	住　所	〒　　－		電話　（　　） （　　　　　方）			
	フリガナ 氏　名		大正 昭和 平成	年　月　日生	続柄		

※							
	住　所	〒　　－		電話　（　　） （　　　　　方）			
	フリガナ 氏　名		大正 昭和 平成	年　月　日生	続柄		

※							
	住　所	〒　　－		電話　（　　） （　　　　　方）			
	フリガナ 氏　名		大正 昭和 平成	年　月　日生	続柄		

※							
	住　所	〒　　－		電話　（　　） （　　　　　方）			
	フリガナ 氏　名		大正 昭和 平成	年　月　日生	続柄		

※							
	住　所	〒　　－		電話　（　　） （　　　　　方）			
	フリガナ 氏　名		大正 昭和 平成	年　月　日生	続柄		

（注）　太枠の中だけ記入してください。※の部分は、相続人、受遺者の区別を記入してください。
　　　　申立人が相続人である場合は「申立人兼相続人」と記入してください。

記載例⑨　検認証明書（遺言書と綴じ、契印が押されます）

（平成〇年（家）第〇号　遺言書検認審判事件）

　　　　　　　　　証　　明　　書

　この遺言書は平成〇年〇月〇日検認されたことを証明する。

　平成〇年〇月〇日
　　　東京家庭裁判所
　　　　　　裁判所書記官　　〇〇〇〇

3 遺言執行の実務

遺言執行者が行う遺言執行の手続きについて、甲野税理士が乙山弁護士に尋ねています。

> **税** 最近、遺言の作成を頼まれることが多いのですが、**遺言執行者の指定**はしておいたほうがいいのでしょうか？
>
> **弁** そうですね。遺言執行者がいなくても、法定相続人が遺言の執行をすることはできますが、第三者への遺贈や寄付など、法定相続人による執行を期待しにくい内容の場合、遺言執行者の指定は必須でしょう。また、中には、遺言執行者でなければ執行できない内容もあります。
>
> 　実際、遺言を作成するときは、遺言執行者を指定しておくことが多いです。
>
> **税** 遺言執行者には誰を指定するのがいいのでしょうか？
>
> **弁** 相続人を指定することもありますが、遺言を円滑に執行するため、遺言の作成に関わった税理士、弁護士、司法書士などの専門家を指定することも多いです。
>
> 　もっとも、遺言者よりも年配の専門家を執行者に指定すると、遺言者よりも先に亡くなってしまうこともありえますので注意が必要です。
>
> **税** 遺言執行者の業務は、遺言の内容を実現するということでいいのでしょうか？
>
> **弁** 基本的にはそうですが、**相続財産目録を作成**するなどの業務もあり

ます。

　そうそう、遺言執行者の指定をする場合は報酬の定めをしておくことも忘れないでください。

税　遺言執行者の報酬は、一般的にどのくらいでしょうか？

弁　遺産総額5,000万円の遺言執行を弁護士が行う場合、40万円程度とするケースが多いようです。

税　思っているほど高くはないのですね。

弁　もちろん、遺産の構成、遺言執行業務の内容（難易性）、業務量にもよるので、報酬の定めをするときに、しっかりと協議することが大切です。

1　遺言執行者の業務の流れ

　遺言執行者に指定された者は、遺言者の死亡により、当然に遺言執行者となるわけではありません。遺言執行者に就職（就任）することを承諾することで、遺言執行者となります（民1007）。

　遺言執行者は、相続人の代理人として（民1015）、**善管注意義務**（「善良なる管理者の注意義務」の略で、通常期待される程度の注意義務をいいます）を負担し（民1012②・644）、執行にかかった費用については**費用償還請求権**（民1012②・650、1021）、**報酬請求権**（民1018）を有します。

　遺言執行者は、相続人、受贈者などの利害関係人に**就職**（就任）の通知を発送して、執行業務を開始することになります（記載例⑩）。就職（就任）通知の発送は、法律で要求されているわけではありませんが、執行業務を適正、円滑に実施するためにも発送して、就職（就任）の事実を明らかにするのが望ましいでしょう。

　その後、相続財産を調査し、**相続財産目録**（記載例⑪）を作成して、

相続人に交付し（民1011①）、遺言事項を執行します。

遺言による子どもの認知（民781②）、推定相続人の排除・取消し（民892～894）などは、遺言執行者によらなければ執行できません。よって、遺言執行者の指定（選任）が必須となります。

第三者への遺贈や寄付は、法定相続人でも執行できますが、心理的に執行を期待しにくい内容といえ、遺言執行者を指定しておくことが望ましい遺言事項といえます。

他方、「特定の法定相続人に対し、特定の遺産を相続させる」という内容の遺言事項は、遺産分割方法の指定であり、遺言によって、当然に特定の法定相続人に相続されるため、遺言執行者による執行の必要はありません（ただし、金融機関が、事実上、遺言執行者による執行を求める場合はあります）。

＜遺言執行者によらなければ執行できない遺言事項＞
　・子どもの認知（民781②）
　・推定相続人の排除・取消し（民892～894）
＜遺言執行者による執行が望ましい遺言事項＞
　・第三者への遺贈、寄付、信託の設定

遺言執行者は、遺言事項を執行したあと、法定相続人らに**任務完了通知**（記載例⑫）を発送することで、すべての業務が終了となり（民1020、655）、遺言執行者の地位を喪失します。

■遺言執行者の業務のフロー

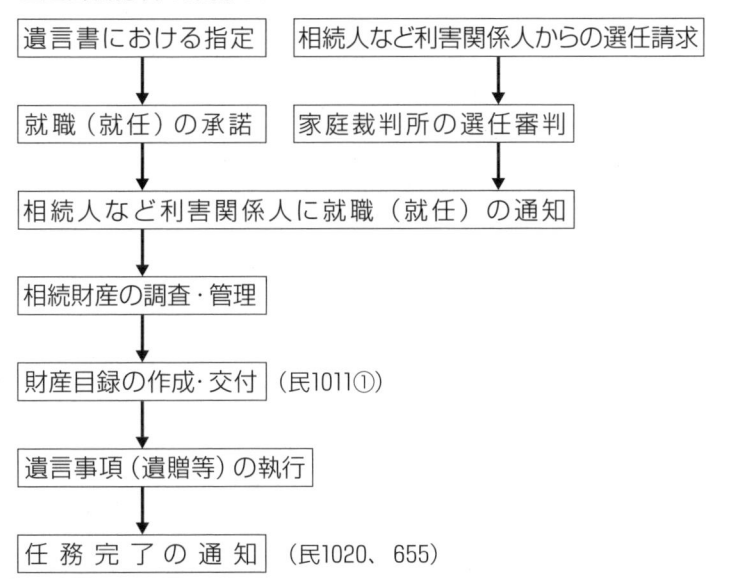

```
┌─────────────────┐      ┌─────────────────────────────┐
│ 遺言書における指定 │      │ 相続人など利害関係人からの選任請求 │
└────────┬────────┘      └──────────────┬──────────────┘
         ↓                              ↓
┌─────────────────┐      ┌─────────────────────────────┐
│ 就職（就任）の承諾 │      │      家庭裁判所の選任審判       │
└────────┬────────┘      └──────────────┬──────────────┘
         ↓                              ↓
┌─────────────────────────────────────────────────────┐
│       相続人など利害関係人に就職（就任）の通知         │
└──────────────────────┬──────────────────────────────┘
                       ↓
         ┌─────────────────────┐
         │   相続財産の調査・管理   │
         └──────────┬──────────┘
                    ↓
         ┌─────────────────────┐
         │ 財産目録の作成・交付    │（民1011①）
         └──────────┬──────────┘
                    ↓
         ┌─────────────────────┐
         │ 遺言事項（遺贈等）の執行 │
         └──────────┬──────────┘
                    ↓
         ┌─────────────────────┐
         │    任務完了の通知      │（民1020、655）
         └─────────────────────┘
```

記載例⑩　就職通知

遺言執行者就任のご通知

平成〇年〇月〇日

亡青山大介様相続人
　青　山　太　郎　様
　青　山　次　郎　様

東京都〇〇区〇〇町〇丁目〇番
〇〇税理士事務所
ＴＥＬ：０３－〇〇〇〇－〇〇〇〇
ＦＡＸ：０３－〇〇〇〇－〇〇〇〇
税理士　〇　〇　〇　〇　㊞

　この度は、亡青山大介様のご逝去の報に接し、謹んでお悔やみ申し上げますとともに、心からご冥福をお祈りいたします。
　さて、当職は、別添の公正証書遺言により、亡青山大介様から遺言執行者に指定され、今般、その就任を承諾いたしましたので、この旨ご通知申し上げます。
　当職が遺言執行者に就任したことにより、当職は、遺言の内容を実現するために相続財産の管理と遺言執行に必要な一切の行為をする権限を有することになりました。これに伴い、相続人の皆様が相続財産の処分その他遺言の執行の妨げとなる行為を行うことはできなくなりましたので、念のためお知らせいたしますとともに、ご理解を賜りますようお願い申し上げます。
　今後、当職は、相続財産を調査して相続財産目録を作成し、亡青山大介様の遺言の内容に従って遺言を執行いたします。なお、個別の執行行為に関し、事前に相続人の皆様にお知らせすることは致しませんので、あしからずご了承ください。
　相続財産目録が出来上がりましたら、相続人の皆様にお送りします。
　ご不明の点があれば、当職宛にご連絡ください。

添　付　書　類

１　平成〇年〇月〇日付公正証書遺言書の写し
　（東京法務局所属公証人作成　平成〇年〇月〇日第〇〇〇号）

記載例⑪　相続財産目録

相 続 財 産 目 録

被 相 続 人 ： 亡 青山大介 様　　　　　　　　　　平成〇年〇月〇日
お亡くなりになった日 ： 平成〇年〇月〇日　　　作成者 遺言執行者　〇〇〇〇

1　預金、貯金

	金融機関	種類	口座番号	金額	備考
1	みなと銀行青山通り支店	定期預金	〇〇〇〇〇	20,000,000	
2	みなと銀行青山通り支店	普通預金	〇〇〇〇〇	10,000,000	
3	ゆうちょ銀行	通常貯金	〇〇〇〇〇	5,000,000	
	小計			35,000,000	

2　その他債権・有価証券等

	債務者等	内容	金額、数量	備考
1	青山商事株式会社	株式	6,000株	
	小計		6,000株	

3　現金

	保管場所等	金額	備考
1	遺言執行者の預り金口座（〇〇銀行〇〇支店）	〇〇,〇〇〇	
	小計	〇〇,〇〇〇	

4　不動産

	種別	所在、地目・種類、面積等	備考
1	土地	東京都〇〇区〇〇町〇丁目　地番：〇〇〇番〇号　宅地　〇〇〇.〇〇㎡	
2	建物	東京都〇〇区〇〇町〇丁目　家屋番号：〇〇　居　1階 〇〇.〇〇㎡　2階 〇〇.〇〇㎡	構造：鉄筋コンクリート造陸屋根2階建

5　動産

	内容	保管場所	備考
1	家財道具一式	本目録4-2の建物内	

6　債務

	内容	金額	備考
1	なし	0	
	小計	0	

7　その他

	内容	金額	備考
1	なし	0	
	小計	0	

記載例⑫　任務完了通知

遺言執行事務終了のご通知

平成〇年〇月〇日

亡青山大介様相続人
　青　山　太　郎　様
　青　山　次　郎　様

　　　　　　　　　　　東京都〇〇区〇〇町〇丁目〇番
　　　　　　　　　　　〇〇税理士事務所
　　　　　　　　　　　ＴＥＬ：03－〇〇〇〇－〇〇〇〇
　　　　　　　　　　　ＦＡＸ：03－〇〇〇〇－〇〇〇〇
　　　　　　　　　　　税理士　〇　〇　〇　〇　㊞

前略
　当職は、遺言者亡青山大介様の遺言執行者として任務を遂行して参りましたが、平成〇〇年〇月〇日をもって、全ての遺言執行事務を完了いたしました。
　遺言執行の顛末について、別紙のとおりご報告申し上げます。
　相続人の皆様におかれましては、遺言執行に対するご理解とご協力をいただき、ありがとうございました。

草々

添 付 書 類

1　遺言執行内容のご報告　　　1通

遺言執行内容のご報告

被相続人 : 亡 青山大介 様　　　　　　　　　　平成〇年〇月〇日
お亡くなりになった日 : 平成〇年〇月〇日　　作成者 遺言執行者 〇〇〇〇

1　預金、貯金

	金融機関	種類	口座番号	金額	執行結果
1	みなと銀行青山通り支店	定期預金	〇〇〇〇〇	20,000,000	遺言公正証書第2条に基づき、平成〇〇年〇月〇〇日、青山次郎様名義に名義変更いたしました。
2	みなと銀行青山通り支店	普通預金	〇〇〇〇〇	10,000,000	
3	ゆうちょ銀行	通常貯金	〇〇〇〇〇	5,000,000	
	小　　　計			35,000,000	

2　その他債権・有価証券等

	債務者等	内　　容	金額、数量	執行結果
1	青山商事株式会社	株式	6,000株	遺言公正証書第1条3項に基づき、平成〇〇年〇〇月〇〇日、青山太郎様名義に名義変更いたしました。
	小　　計		6,000株	

3　現金

	保　管　場　所　等	金　　額	執行結果
1	遺言執行者の預り金口座（〇〇銀行〇〇支店）	〇〇,〇〇〇	遺言公正証書第2条に基づき、平成〇〇年〇月〇〇日、青山次郎様にお渡ししました。
	小　　計	〇〇,〇〇〇	

4　不動産

	種別	所在、地目・種類、面積等			執行結果
1	土地	東京都〇〇区〇〇町〇丁目　地番：〇〇〇番〇号	宅地	〇〇〇.〇〇㎡	遺言公正証書第1条1項及び2項に基づき、平成〇〇年〇〇月〇〇日、青山太郎様名義に名義変更いたしました。
2	建物	東京都〇〇区〇〇町〇丁目　家屋番号：〇〇	居宅	1階 〇〇.〇〇㎡　2階 〇〇.〇〇㎡	

5　動産

	内　　容	保　管　場　所	執行結果
1	家財道具一式	本目録4-2の建物内	遺言公正証書第4条に基づき、平成〇〇年〇月〇〇日、青山太郎様にお渡ししました。

第3章　遺言とその執行

2 遺言執行と遺留分減殺請求

「遺言の内容が特定の相続人の遺留分を侵害する」として、遺留分権利者から遺留分減殺請求がなされた場合、遺言執行者としては、どのような対応をすべきでしょうか。

この点、遺言執行者は、遺言の執行に必要な権限しか有していませんから、遺留分減殺請求への対応は権限外の行為となってしまいます。

よって、遺言執行者としては、粛々と遺言執行者としての業務を完遂するのみで、遺留分に関する紛争は、法定相続人と受遺者（遺贈を受けた遺留分侵害者）の間において解決してもらう必要があります。

3 遺言執行と法定相続人による新たな分割合意

遺言執行者が指定されているケースにおいて、法定相続人全員で遺言内容と異なる遺産分割の合意をすることはできるのでしょうか。

この点、たとえば、遺言事項に第三者への遺贈や寄付が入っている場合、法定相続人らにおいて当該第三者の利益を害することはできません。遺言執行者は、遺言事項である第三者への遺贈や寄付を執行すべきであり、遺産分割の合意はその限度で無効となります。

他方、法定相続人間の合意が自らの分配内容を変更する合意にすぎない場合、事後的に贈与や交換をするのと同じことなので、当該合意は有効と解されています（この点、遺贈を受ける第三者も同意すれば、当該遺贈分も含めて新たな合意をすることは可能です）。

法定相続人間で新たな分割合意をする場合は、遺産分割協議書に「遺言事項と異なる分割をすることについて、法定相続人全員で合意し、遺言執行者の同意を得た。」という一文を挿入し、遺言執行者の署名捺印も加えるという処理が望ましいです。

4 遺言無効の争いの実務

1 無効原因

　遺言の無効を争う根拠（無効原因）としては、主に①要式面の不備、②遺言者の遺言能力の不存在があります。

① 要式面の不備

　要式面での争いは、遺言の記載内容から有効性を判断します。もっとも、少しでも要式面に不備があれば即無効というわけではなく、記載事項が特定されていれば有効と判断されます。

　過去に遺言の要式面が争われた事案において、有効となったケース、無効となったケースは以下のとおりです。

　＜要式面で遺言が有効となったケース＞
　　・日付を「自分の80歳の誕生日」と記載
　　・署名がペンネーム
　　・認印で押印
　　・カーボン複写
　　・遺言に誤記はあるが内容を特定できる場合

　＜要式面で遺言が無効となったケース＞
　　・日付を「平成○年○月吉日」と記載
　　・相続財産目録をワープロで作成
　　・相続財産が特定できない

② **遺言能力の不存在**

　遺言能力とは、遺言内容を理解するのに必要な能力をいい、高齢、認知症、脳梗塞などの理由で遺言者の遺言能力が問題となることがあります。

　遺言作成時の遺言者の遺言能力は、当時の生活状況、医師のカルテ、公証人の証言などによって判断しますが、立証するほうも反証するほうも非常に困難が強いられます。

　遺言能力が問題になりそうな状況で遺言を作成する場合、公正証書遺言とすること、遺言作成時の診断書を取得しておくことが非常に重要になります。

2 争い方

　遺言の無効確認は、調停前置主義（家事257・244）から、まずは調停（遺言無効確認調停申立事件）を申し立てるべきですが、調停成立の見込みがない場合、調停を経ずに訴訟提起をすることも可能です。

　遺言の有効性が争われる場合、遺言内容が遺留分を侵害していることも多く、予備的に（遺言の無効が認められなかった場合に備えて）遺留分減殺請求がなされることが多いでしょう。

5 弁護士費用、手続費用

1 公正証書遺言の作成

① 公証人の手数料

公正証書遺言を作成する際に公証人に対して支払う手数料の金額は、遺言により相続させまたは遺贈する財産の価額を「目的の価額」とし、下表に基づいて算出されます（手数料令9）。

■公正証書遺言作成の手数料

目的の価額	手　数　料
100万円以下	5,000円
200万円以下	7,000円
500万円以下	1万1,000円
1,000万円以下	1万7,000円
3,000万円以下	2万3,000円
5,000万円以下	2万9,000円
1億円以下	4万3,000円
3億円以下	4万3,000円 ＋5,000万円ごとに1万3,000円を加算
10億円以下	9万5,000円 ＋5,000万円ごとに1万1,000円を加算
10億円超	24万9,000円 ＋5,000万円ごとに8,000円を加算

(注) 1．相続人・受遺者ごとに手数料金額を算定し、それらを合計して算出します。
2．公証人が公正証書の作成に着手した時点を基準とします（手数料令10）。
3．目的価額を算定することができない場合（祭祀主宰者の指定等）は、原則として500万円とみなされます（手数料令16）。
4．相続、遺贈額合計が１億円以下であるときは、１万１,000円が加算されます（手数料令19）。
5．遺言者が入院している等の事情で、公証人が病院等に出張して公正証書を作成するときは、手数料令19条による加算前の手数料金額にその50％が加算されます（手数料令32）。また、別途、日当（１日につき２万円、４時間以内の場合は１万円）と旅費（実費）を負担する必要があります（手数料令43）。
6．通常、原本・正本・謄本を１部ずつ作成し、原本は役場で保管し、正本と謄本は遺言者に交付されます（遺言執行手続に必要な正本を遺言執行者が、謄本を遺言者本人が保管するのが一般的です）。
　　原本についてはその証書の枚数が法務省令（公証人手数料令第25条の横書の証書の様式及び証書の枚数の計算方法を定める省令）で定める枚数の計算方法により４枚（法務省令で定める横書の証書にあっては、３枚）を超えるときは、超える１枚ごとに250円が加算されます（手数料令25）。
　　また正本・謄本の交付を受ける際には、１枚あたり250円の用紙代がかかります（手数料令40）。

② 弁護士費用

　公正証書遺言の作成を弁護士に委任する場合は、弁護士費用もかかります。

　現在、弁護士費用は各弁護士が自由に定めることができるものとされていますが、以前は、各弁護士会で報酬規定を定めていました。

　参考までに、遺言書作成に関する東京弁護士会の旧報酬基準（平成16年４月１日廃止）の内容を記載しておきます（巻末資料参照）。

■遺言書作成に関する旧報酬基準（東京弁護士会）

種類	報酬金額
定　型	10万円以上20万円以下
非定型	基本 ・300万円以下の部分　　　　　　　　　　20万円 ・300万円を超え3,000万円以下の部分　　1％ ・3,000万円を超え3億円以下の部分　　0.3％ ・3億円を超える部分　　　　　　　　　0.1％
	特に複雑または特殊な事情がある場合 　協議により定めた額
公正証書	上記費用に3万円を加算

　2009年3月、日本弁護士連合会が弁護士にアンケート調査を行いました。

　その結果、遺産総額が5,000万円の場合において公正証書遺言作成にかかる弁護士費用は、次ページのとおり、10万～20万円前後という回答がほとんどを占めました。

　ただし、財産の量、相続人の人数、評価額算出の難易等により、遺言作成に相当の労力を要する場合もあり、その場合には弁護士費用の金額も高額となりえますので、弁護士に依頼する際には、事前に弁護士とよく話し合ってください。

<遺産総額が5,000万円の場合>

10万円前後	50.7%
20万円前後	30.2%
30万円前後	12.7%
40万円前後	0.8%
50万円前後	2.1%
その他	3.5%

(出典)日本弁護士連合会「2008年度アンケート結果版　アンケート結果にもとづく市民のための弁護士報酬の目安」(2009年8月)22頁に基づく。

2 秘密証書遺言の作成

公証人に対して支払う手数料の金額は、一律1万1,000円です(手数料令28)。

なお、正本・謄本の交付を受ける際には、別途1枚あたり250円の用紙代がかかります(手数料令40)。

3 遺言執行費用

遺言執行者は、遺言を執行するために必要な費用(遺言書の検認手続に要した費用、相続財産目録作成費用、遺言執行者の報酬、訴訟費用等)について、相続財産から支払うよう相続人に請求することができます(民1012②・650、1021)。

弁護士が遺言執行者となる場合の一般的な報酬基準は、下表のとおりです。

■弁護士が遺言執行者となる場合の一般的な料率

遺産総額	報酬金額
300万円以下	30万円
300万円を超えて3,000万円以下	2％＋24万円
3,000万円を超えて3億円以下	1％＋54万円
3億円超	0.5％＋204万円

なお、信託銀行も遺言執行業務を行いますが、主な報酬基準は下表のとおりです。

■信託銀行の主な料率

遺産総額	報酬金額
5,000万円以下	2％（ただし、最低100万円）
5,000万円を超えて1億円以下	1.5％＋25万円
1億円を超えて2億円以下	1％＋75万円
2億円を超えて3億円以下	0.8％＋115万円

両者の遺言執行にかかる報酬を比較すると、下表のようになります。

■報酬金額の比較表

遺産総額	弁護士の報酬	信託銀行の報酬
3,000万円	84万円	100万円
5,000万円	104万円	100万円
1億円	154万円	175万円
3億円	354万円	355万円

こうして見ると、あまり変わらないようにも思いますが、実際に弁護士が遺言執行をする場合の報酬は上記基準よりも低廉となっています。

2009年3月、日本弁護士連合会が弁護士にアンケート調査を行ったところ、遺産総額が5,000万円の場合における遺言執行者の報酬は、20万円から60万円の範囲が最も多く（64％）、100万円前後及びそれ以上の金額はわずか2割程度でした。

　　＜遺産総額が5,000万円の場合＞
　　　20万円前後　　　18.3％
　　　40万円前後　　　27.1％
　　　60万円前後　　　18.6％
　　　80万円前後　　　 8.2％
　　　100万円前後　　　19.6％
　　　120万円前後　　　 2.1％
　　　その他　　　　　　6％

（出典）日本弁護士連合会「2008年度アンケート結果版　アンケート結果にもとづく市民のための弁護士報酬の目安」（2009年8月）22頁に基づく。

つまり、遺言執行者の報酬は、遺言執行業務の内容（難易性）及び業務量によって大きく異なるため、報酬金額には幅があるのです。

遺産総額が多くても、それが単なる預金債権や不動産の場合、執行業務は簡便であり、報酬も低くなるのです。

遺言執行報酬を遺言で定める場合、遺言執行者に指定する弁護士や税理士等とよく話し合った上で、決めることが肝要です。

4 遺言書検認の申立

申立費用（収入印紙代）は、遺言書（封書の場合は封書）1通につき800円です。

また、連絡用の郵便切手（金額については、管轄する家庭裁判所にお問合せください）も預ける必要があります。

5 遺言の無効を争う場合の弁護士費用

弁護士費用の料金システムは、下表のとおりさまざまですが、最も頻繁に利用されている着手金報酬金制の場合の一般的な料率を掲載しておきます。

弁護士費用の詳細については、第4章「遺留分減殺請求」の「4. 弁護士費用、手続費用」を参考にしてください。

■弁護士費用の料金システム

料金体系	内容
着手金報酬金制	着手時に一定の費用を受け取り、解決時に成功程度に応じた費用（成功報酬）を受け取る料金体系。
完全成功報酬制	着手時に費用を受け取らず、解決時に成功程度に応じた費用（成功報酬）のみを受け取る料金体系。
タイムチャージ制	業務にかかった時間に応じたタイムチャージで課金する料金体系。企業法務で多く利用され、1時間2万円から3万円程度が一般的か。
出来高制	出頭回数や成果物（書面等）ごとに報酬を定める料金体系。
その他	着手金報酬金制とタイムチャージ制を併用する料金制など。

■着手金報酬金制の場合の一般的な料率

経済的利益(※)	着手金額	報酬金額
300万円以下	8％	16％
300万円を超えて3,000万円以下	5％＋9万円	10％＋18万円
3,000万円を超えて3億円以下	3％＋69万円	6％＋138万円
3億円超	2％＋369万円	4％＋738万円

※　経済的利益

　遺言の無効確認事件における弁護士費用算定の基礎とする経済的利益は、無効を争う遺言に記載されている相続財産の総額となります。

(注) 手続きによる弁護士費用の違い

　　いきなり訴訟提起をすることもあれば、「示談交渉→調停申立→訴訟提起」と手続きを経ていくこともあります。

　　その場合の弁護士費用については、示談交渉の場合は上記料率で算出された着手金額の2分の1、調停申立の場合は同3分の2などとし、既払いの費用を新たな手続きの着手金に充当させるという方法を採用することもあります。

第4章

遺留分減殺請求

1 シチュエーション

　太郎さんから次郎さんに亡大介さんの遺言があることを伝えたところ、次郎さんから、「遺言の写しを送ってほしい」といわれたので、太郎さんは遺言の写しを送ることにしました。

　すると、後日、次郎さんから遺留分減殺請求書が届きました。

　今後、どのような手続きとなるのか不安に感じた太郎さんは、甲野税理士と一緒に乙山弁護士を訪ねました。

税　先日、ご相談させていただいた遺言の件で、次郎さんが遺言自体の効力を争ってくることはありませんでしたが、**遺留分減殺請求**をされてしまいました。

太郎（以下「**太**」）　遺留分減殺請求をされたとはいっても、現状は単に書面が送られてきただけです。今後、誰が何をすることになるのでしょうか？

弁　遺留分減殺請求権の行使は、単に相手方に意思表示をすれば足り、口頭による請求でも有効となります。まあ一般的には、内容証明郵便によることが多いでしょう。

　遺留分減殺請求を受けたら、まずは、太郎さんと次郎さんで、具体的に返還する財産の内容を話し合う必要があります。話し合いがまとまらない場合は、**家庭裁判所の調停**を利用することになります。

太　調停はどちらが申し立てるのですか？

弁　通常、遺留分減殺請求をした次郎さん側で申し立てます。

太　調停では、どのようなことをするのでしょうか？

弁　遺留分減殺請求に関する調停では、まず、遺留分侵害額を確定させ、次に、いかなる相続財産を返還するか（**現物返還**）について話し合います。

太　父から遺贈を受けた財産は、青山商事の株式や自宅不動産であり、弟に返還するのは難しいのですが、その場合はどうしたら良いのでしょうか？

弁　遺留分を侵害している相続財産を返還するのではなく、遺留分侵害分を金銭で支払う**価額弁償**という方法もあります。実務ではよく利用されている方法です。

太　調停で合意できなかった場合はどうなるのですか？

弁　その場合は、次郎さん側が**民事裁判**を提起し、通常の裁判で解決が図られることになります。

2 まずはイメージをつかむ

1 遺留分減殺請求

　遺留分制度は、法定相続人に対し、被相続人が有していた相続財産の一定割合（遺留分割合）を保障する制度です。

　遺留分を侵害する行為があると、侵害を受けた相続人は、遺留分減殺請求をして、遺留分の侵害を受けている部分に関する遺贈・贈与を無効とすることができます。

　遺留分を侵害する行為としては、遺言や生前贈与があげられますが、生前贈与については、相続開始前1年以内になされたもののみ減殺の対象となるなどの制限があります（なお、遺留分権利者に損害を加えることを知ってされた生前贈与の場合や、法定相続人に対する生前贈与で、特別受益に該当する場合には期間制限がありません）。

　遺留分を侵害する生前贈与や遺贈（遺言）も原則として有効ですので、遺留分減殺請求をするか否かは、侵害を受けた法定相続人（遺留分権利者）に任されています。

　遺留分権利者が、受遺者などに対し、遺留分減殺請求をすることで、はじめて遺贈や生前贈与が遺留分を侵害する限度で無効となります。

　もっとも、遺留分減殺請求権の行使によって、遺留分の権利は回復しますが、遺留分そのものが**割合的な権利**にすぎず、また、現物返還が原則となっているので、具体的な解決（いかなる財産をどの程度取得するのか、価額弁償とするのか）には話し合いが必要です。

　そして、話し合いがまとまらない場合、**家事調停**において協議するこ

とになり、家事調停でも協議がまとまらない場合は、**民事訴訟**で解決を図ることになります。

遺留分減殺請求においては、自ら気に入った特定の相続財産の引渡しを要求できたり、重要度の低い特定の相続財産を返還すれば足りるものと考えがちですが、具体的な返還方法については合意する必要があります。

原則は、あくまでも、取り消された生前贈与、遺贈につき、遺留分減殺請求権者が割合で取得（共有状態で保有）するというものであり、注意が必要です。

なお、遺留分減殺請求は、**相続の開始及び遺留分の侵害を知ってから１年以内に権利行使しなければなりません**（民1042）。

2 家事調停について

家事調停の手続きの詳細については、第５章「遺産分割調停」をご確認ください。

3 現物返還と価額弁償

遺留分減殺請求権を行使すると、遺贈や贈与は遺留分を侵害する限度で無効となります。この遺留分侵害財産は、原則として遺留分権利者と受遺者（遺贈を受けた者）や受贈者（贈与を受けた者）の**共有状態**となり、遺留分権利者は、自らの持分の返還を求めることになります（**現物返還**）。

もっとも、共有状態の解消には手続き的な負担があり、さらには、自宅不動産や自社株式など共有が現実的ではない財産の場合、受遺者や受贈者は、遺留分侵害額を弁償することで、現物返還義務を免れることが

できます。これを**価額弁償**といいます。その他、当事者が合意すれば、代替財産の交付でもかまいません。

第4章 遺留分減殺請求

3 具体的な実務の手続き

1 遺留分制度

　遺留分制度とは、法定相続人に対し、被相続人が有していた相続財産の一定割合（遺留分割合）を保障する制度です（民1028以下）。

　遺留分割合は、相続人に配偶者、子、代襲相続人が1人でもいる場合には、法定相続分の2分の1です（ケース1参照、民1028二）。

　また、相続人が被相続人の直系尊属のみの場合は法定相続分の3分の1となります（ケース2参照、民1028一）。

　なお、遺留分権利者は、被相続人の配偶者、子、代襲相続人、直系尊属のみであり、兄弟姉妹には遺留分はありません。

　また、法定相続人は、家庭裁判所の許可を得ることで、相続開始前に遺留分を放棄することができます（民1043①）。

■相続財産が1億円の場合の各相続人の遺留分額

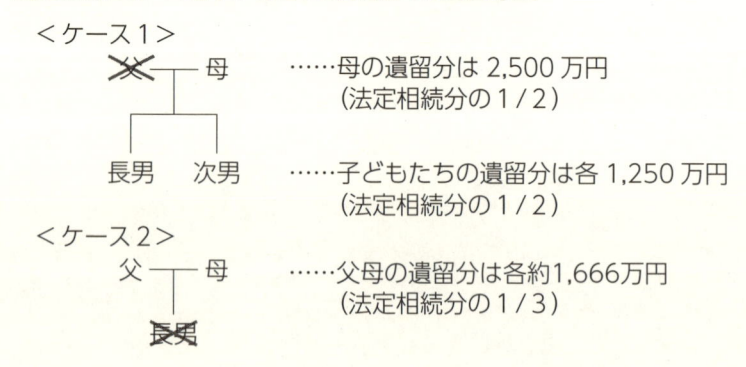

＜ケース1＞
✕——母　　……母の遺留分は2,500万円
　　　　　　　　（法定相続分の1/2）
長男　次男　……子どもたちの遺留分は各1,250万円
　　　　　　　　（法定相続分の1/2）

＜ケース2＞
父——母　　……父母の遺留分は各約1,666万円
　✕　　　　　　（法定相続分の1/3）

> 個別の遺留分額　＝
> 　　（基礎となる財産額（※1）×　遺留分割合）　－　個別の特別受益額

※1　基礎となる財産額＝被相続人が相続時に有していた財産＋被相続人が贈与した財産（※2）－相続債務

※2　基礎となる財産に加算される贈与（民1030、1039）
・特別受益としての贈与（特別受益の評価は相続開始時点であり、被相続人による「持ち戻しの免除」は考慮しません）
・相続開始前の1年間になされた贈与
・遺留分権利者に損害を与えることを知ってなされた贈与
・不相当な対価でなされた有償行為

2 遺留分の侵害と遺留分減殺請求

　遺留分の侵害とは、法定相続人が現実に相続した財産の額が遺留分額に満たない状態をいいます。

　遺留分の侵害があった場合、遺留分権利者は、受遺者（遺贈を受けた者）や受贈者（生前贈与を受けた者）などに対し、遺留分減殺請求をすることができます（民1031）。

　もっとも、遺留分減殺請求があるまでは、遺留分侵害行為（遺贈、贈与）が当然に無効となるわけではありません。遺留分減殺請求の意思表示をすることで、当然に減殺の効果が生じ、遺贈は遺留分を侵害する限度で無効となり、受遺者や受贈者が取得した財産は遺留分を侵害する限度で遺留分権利者に帰属することになります（最高裁昭和41年7月14日判決）。

　遺留分減殺請求は、相続の開始及び遺留分侵害行為を知ったときから1年以内に権利行使しなければなりません。また、遺留分侵害行為を知らなかったとしても、相続開始から10年が経過すれば遺留分減殺請求権は消滅してしまいます（民1042）。

すなわち、上記期間内に権利行使をしておかなければ、もはや遺留分侵害の回復は図れなくなってしまうのです。
　遺留分減殺請求の権利行使の方法は、相手方（受遺者、受贈者）に対する意思表示で足り、口頭での請求でも有効です。もっとも、実務では、請求の事実を証拠化しておくため、内容証明郵便で請求するのが一般的です（**記載例⑬**）。
　また、遺言執行者がいる場合も、遺留分減殺請求権の行使する相手は、遺言執行者ではなく、遺留分を侵害している受遺者、受贈者となります。

記載例⑬　遺留分減殺請求の通知書

遺留分減殺請求書

平成〇年〇月〇日

〒〇〇〇-〇〇〇〇
東京都〇〇区〇〇町〇丁目〇番〇号
青山太郎　様

〒〇〇〇-〇〇〇〇
東京都〇〇区〇〇町〇丁目〇番〇号
青　山　次　郎　㊞

　前略　亡青山大介（平成〇年〇月〇日死亡）は、平成〇年〇月〇日付公正証書遺言により、その有する不動産及び青山商事の株式全てを貴殿に遺贈しました。
　しかしながら、上記遺贈は、亡青山大介の次男である私の遺留分（4分の1）を侵害しておりますので、私は、貴殿に対し、遺留分減殺の請求をいたします。　　　　　　　　　　　　　　　　　草々

3 実際の紛争処理

　遺留分権利者は、遺留分減殺請求の意思表示をすることで、遺留分の権利を回復しますが、遺留分が割合的な権利にすぎないことから、具体的な財産の取得（いかなる財産をどの程度取得するのか、価額弁償とするのか）は遺産分割協議による必要があります（記載例⑭）。

　任意の交渉での解決が困難な場合、家庭裁判所に調停（遺留分減殺請求による物件等返還請求調停申立事件）を申し立てることになります（調停前置主義：家事257・244）。

　遺留分に関する調停では、4つのステップ（「1．遺留分減殺請求権行使の確認」→「2．遺留分侵害額の確定」→「3．減殺すべき遺贈等の範囲の確定」→「4．具体的な返還方法の確定」）で協議を進めていきます。

　調停の具体的な進め方は、遺産分割調停と同じですので、第5章「遺産分割調停」を参照してください。

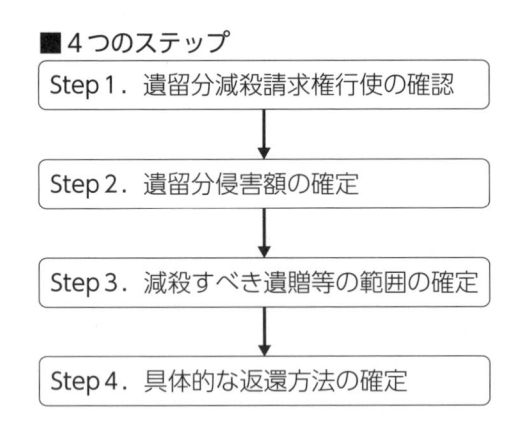

■4つのステップ

Step 1．遺留分減殺請求権行使の確認
↓
Step 2．遺留分侵害額の確定
↓
Step 3．減殺すべき遺贈等の範囲の確定
↓
Step 4．具体的な返還方法の確定

　実務では、遺産分割調停の中で遺留分侵害の事実が明らかになり、遺留分について協議されることもあれば、遺留分に関する調停において、遺産分割全体について協議されることもあります。

　話し合いにより、遺産分割の合意ができると調停成立に至り、合意の

成立が難しいと、調停不成立あるいは取下げによって、調停手続は終了します。

遺産分割調停が不成立となると、自動的に審判手続に移行しますが、遺留分減殺請求に関する調停が不成立となっても審判手続に移行することはなく、遺留分権利者が新たに民事訴訟を提起しなければなりません。

4 現物返還と価額弁償

遺留分減殺請求権を行使すると、遺贈は遺留分を侵害する限度で無効となり、受遺者や受贈者が取得した財産は遺留分を侵害する限度で遺留分権利者に帰属することになります。

そして、原則として、遺留分権利者と受遺者や受贈者の共有状態となり、遺留分権利者は、自らの持分の返還を求めていくことになります（現物返還）。

もっとも、共有状態の持分の返還を求めるのは迂遠であったり、また、自宅不動産や自社株式など共有が現実的ではない財産の場合もあります。そこで、受遺者や受贈者は、遺留分侵害額を弁償することで、現物返還義務を免れることができます（民1041①）。

実務では、遺留分に関する調停において、遺留分侵害額を算定し、価額弁償する解決方法が多いです。この場合、不動産や自社株式の評価が主たる争点となります。

記載例⑭　遺産分割協議書

遺産分割協議書

　被相続人青山大介（以下、「被相続人」という。）（平成○年○月○日死亡）の共同相続人である長男・青山太郎（以下、「甲」という。）及び次男・青山次郎（以下、「乙」という。）は、別紙遺産目録記載の被相続人の遺産を、次のとおり分割することに合意した。

第1条　甲は、別紙遺産目録1及び2の不動産及び別紙遺産目録3の株式を取得する。
第2条　乙は、別紙遺産目録4の（1）ないし（3）の預貯金及び別紙遺産目録5の現金を取得する。
第3条　甲及び乙は、別紙遺産目録記載の財産以外に被相続人の遺産が発見されたときは、都度協議し、分割方法を決するものとする。
第4条　甲及び乙は、本件遺産分割により相続した財産にかかる相続税を、それぞれ責任をもって申告し、納付するものとする。

　以上の遺産分割協議成立の証として、本書2通を作成し、甲乙各自署名及び実印で捺印のうえ、各1通を保有する。

平成○年○月○日

　　　　　　　　　　　甲
　　　　　　　　　　　　〒○○○－○○○○
　　　　　　　　　　　　東京都○○区○○町○丁目○番○号
　　　　　　　　　　　　青　山　太　郎　㊞
　　　　　　　　　　　乙
　　　　　　　　　　　　〒○○○－○○○○
　　　　　　　　　　　　東京都○○区○○町○丁目○番○号
　　　　　　　　　　　　青　山　次　郎　㊞

(別紙)

遺 産 目 録

1 土地
　　所　　在　　東京都○○区○○町○丁目
　　地　　番　　○○○番○号
　　地　　目　　宅地
　　地　　積　　○○○.○○平方メートル
2 建物
　　所　　在　　東京都○○区○○町○丁目○番地
　　家屋番号　　○○
　　種　　類　　居宅
　　構　　造　　鉄筋コンクリート造陸屋根2階建
　　床 面 積　　1階　　○○.○○平方メートル
　　　　　　　　2階　　○○.○○平方メートル
3 株式
　　青山商事株式会社　6,000株
4 預貯金
　（1）みなと銀行青山通り支店　定期預金　口座番号：○○○○○
　　　　　　　　　　　　　　　　　　　　　　　　金2,000万円
　（2）みなと銀行青山通り支店　普通預金　口座番号：○○○○○
　　　　　　　　　　　　　　　　　　　　　　　　金1,000万円
　（3）ゆうちょ銀行　通常貯金　記号番号：○○○○○-○○○○○
　　　　　　　　　　　　　　　　　　　　　　　　金500万円
5 現金
　　金○万○○○○円

4 弁護士費用、手続費用

1 弁護士費用

　では、遺留分減殺請求事件を弁護士に依頼した場合の弁護士費用はいくらくらいでしょうか。

　まず、弁護士費用の料金システムは、着手金報酬金制が最も多く利用されていますが、ほかにタイムチャージ制、出来高制などの料金体系もあります。いかなる料金体系にするかは、弁護士とクライアントの合意で決まります。

■弁護士費用の料金システム

料金体系	内　容
着手金報酬金制	着手時に一定の費用を受け取り、解決時に成功程度に応じた費用（成功報酬）を受け取る料金体系。
完全成功報酬制	着手時に費用を受け取らず、解決時に成功程度に応じた費用（成功報酬）のみを受け取る料金体系。
タイムチャージ制	業務にかかった時間に応じたタイムチャージで課金する料金体系。企業法務で多く利用され、1時間2万円から3万円程度が一般的か。
出来高制	出頭回数や成果物（書面等）ごとに報酬を定める料金体系。
その他	着手金報酬金制とタイムチャージ制を併用する料金制など。

そして、着手金報酬金制の場合、着手金や報酬金の額は、選択する手続き（示談交渉、調停、訴訟など）、対象となる遺留分の時価相当額や争点の難易性によって決められますが、一般的には下表の料率で計算し、個別事情により調整する弁護士が多く見られます。

　なお、弁護士は、事件を受任する前に報酬について説明する義務がありますので（弁護士職務基本規程29）、具体的な案件を委任する際には、必ず弁護士費用の見積もりの提出を求めてください。

■弁護士費用の一般的な料率

経済的利益（※）	着手金額	報酬金額
300万円以下	8％	16％
300万円を超えて3,000万円以下	5％＋9万円	10％＋18万円
3,000万円を超えて3億円以下	3％＋69万円	6％＋138万円
3億円超	2％＋369万円	4％＋738万円

※　経済的利益
　　遺留分減殺請求権の場合は、対象となる遺留分の時価相当額のことをさします。

（注）手続きによる弁護士費用の違い
　　いきなり訴訟提起をすることもあれば、「示談交渉→調停申立→訴訟提起」と手続きを経ていくこともあります。
　　その場合の弁護士費用については、示談交渉の場合は上記料率で算出された着手金額の2分の1、調停申立の場合は同3分の2などとし、既払いの費用を新たな手続きの着手金に充当させるという方法を採用することもあります。

2 手続費用

　遺留分減殺請求による物件等返還請求調停の申立費用(収入印紙代)は、1,200円です。

　また、連絡用の郵便切手(金額については、管轄する家庭裁判所にお問い合わせください)も預ける必要があります。

　民事訴訟を提起した場合の訴訟費用(収入印紙代)は、訴訟の目的の価額に応じて、下表に基づいて算出されます(第1審の場合)。

■民事訴訟を提起した場合の費用

訴訟の目的の価額	訴訟費用
100万円までの部分	10万円までごとに1,000円
100万円を超え500万円までの部分	20万円までごとに1,000円
500万円を超え1,000万円までの部分	50万円までごとに2,000円
1,000万円を超え10億円までの部分	100万円までごとに3,000円
10億円を超え50億円までの部分	500万円までごとに　1万円
50億円を超える部分	1,000万円までごとに　1万円

　また、連絡用の郵便切手(金額については、管轄する家庭裁判所にお問い合わせください)も預ける必要があります。

第5章

遺産分割調停

1 シチュエーション

(注) 本章は、亡大介さんの遺言がなく、よって、次郎さんによる遺留分減殺請求もない前提でのお話となります。

　太郎さんと次郎さんは、亡大介さんの相続財産の分割協議をしているのですが、なかなかまとまりません。

　すでに大介さんが亡くなってから10か月が経過しようとしていたので、甲野税理士は、法定相続分で相続税の申告をすることとし、太郎さんには、遺産分割調停の申立を勧めようと考えています。

　そこで、甲野税理士は乙山弁護士に相談に来ました。

税　乙山先生、残念ながら、太郎さんと次郎さんの遺産分割協議はまとまりそうにありません。もはや、**遺産分割調停**を申し立てざるをえない状況だと思っています。
　　遺産分割調停の具体的なイメージを教えていただけませんか？

弁　そうですか。それは残念でした。
　　遺産分割調停とは、家庭裁判所の中の調停室で、**調停委員**の斡旋により相手方と話し合いをする手続きです。調停では、ある程度年配の男女2人の調停委員の進行により、当事者が交互に入室して、あるいは双方同席して話し合いを行うことになります。

税　調停はどのくらいの頻度で実施され、解決までにどのくらいの時間がかかるのでしょうか？

弁　通常1か月から2か月に1回程度の頻度で調停期日が開かれ、1回の調停期日では1時間から2時間程度の話し合いがなされます。
　　解決までにかかる審理期間は6か月以内が3割、1年以内が3割、1年以上が3割といったところで、平均すると1年弱のようです。

税　けっこう、時間がかかるものですね。調停は土日や夜間もやっているのでしょうか？

弁　そのような希望は多く寄せられているのですが、残念ながら、現在のところ、平日の午前（おおむね10時から12時の間）と午後（おおむね13時30分から17時の間）の実施で、土日や夜間には実施されていません。

税　ところで、調停委員をされているのはどのような職業の方なのでしょうか？

弁　弁護士などの士業、会社・団体の役員や理事、仕事を引退された方などです。年齢はほとんどが50歳代か60歳代です。

税　少し聞きにくい質問なのですが、太郎さんが調停手続を弁護士に依頼すると、一般的にどのくらいの費用がかかるのでしょうか？

弁　聞いていただいて全然問題ありませんよ。
　　弁護士費用は、遺産の規模、争点の難易性によって決まりますが、ざっくりといいますと、遺産総額1億円の場合、着手金は50万円前後、報酬金は100万円前後が多いです。

税　弁護士に依頼すると、本人は調停に出席しなくてもいいのでしょうか？

弁　いいえ。弁護士に依頼する場合も、原則として本人の出席は必要です。

税　調停でもまとまらなかった場合、どうなるのでしょうか？

弁　家庭裁判所の**「審判」**という手続きによって、遺産分割の内容が判断されます。審判については、あとで詳しく説明します。

2 まずはイメージをつかむ

1 調停とは

　遺産分割調停は、家庭裁判所の**調停室**（非公開）で実施されます。
　調停室には、中央に大きなテーブル（ラウンドテーブル）があり、奥に**調停委員**が座り、手前に当事者が座ります。

　当事者は、交互に入室して、個別に調停委員と話をしますが、状況に応じて、当事者双方が入室して、話し合いをすることもあります。
　調停は、調停委員によって進められます。まず、当事者双方の意見を聞き、争点を明確にします。その後、調停委員の助言、調整により、当事者双方が歩み寄れるところを探して、**互譲による合意**をめざします。

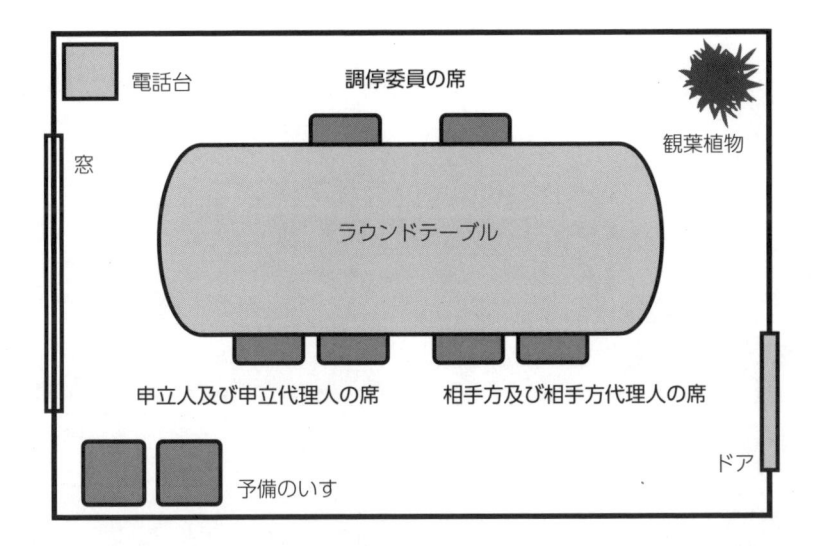

調停委員の席・電話台・窓・観葉植物・ラウンドテーブル・申立人及び申立代理人の席・相手方及び相手方代理人の席・予備のいす・ドア

2 調停期日の流れ

　調停は、平日の午前（おおむね10時から12時の間）、午後（おおむね13時30分から17時の間）に実施されます。

　そして、1回の調停にかかる時間は**1時間から2時間程度**です。

　第1回の期日の冒頭は、当事者双方が**調停室**に入室し、**調停委員**による手続きの説明を聞きます。その後、当事者は交互に入室して、個別に調停委員と話をしていきます。また、状況に応じて、当事者双方が入室して、話し合いをすることもあります。

　相手方が調停室で調停委員と話しているときは、待合室で待機し、調停委員が呼びに来るのを待ちます。こちらが調停室で調停委員と話しているときは、相手方は待合室で待機しています。そのため、家庭裁判所には、「**申立人待合室**」と「**相手方待合室**」が設置されています。

　調停成立時の調停期日は、**裁判官**が出席し、当事者双方の面前で**調停条項**を読み上げ、全員で調停条項の確認を行います。

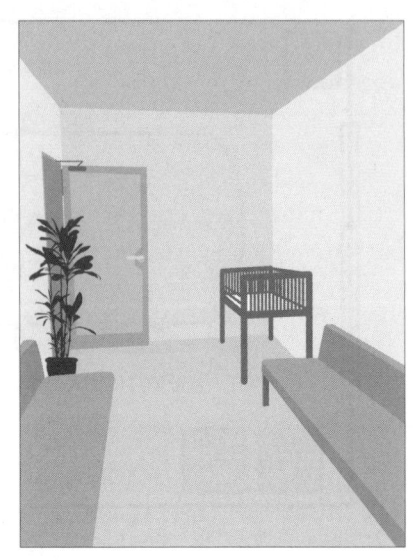

調停条項を確認し、了解すれば調停成立となり、署名したり、押印したりする必要はありません。
　そして、後日、調停条項が記載された**調停調書**が送付されてきます。この**調停調書は判決と同一の効力**があり、調停条項を遵守しない相手方に対し、強制執行をすることもできます。
　調停が不成立となる場合も、調停不成立証明書を取得することはできますが、その後、自動的に審判に移行するのであまり実益はありません。

3 調停委員

　調停が申し立てられると、調停ごとに**調停委員会**が構成されます。調停委員会は、**裁判官と2人の家事調停委員で構成**されますが、通常、2人の調停委員が調停の場を仕切り、裁判官は同席しません。

　裁判官は同時間に複数の調停期日を抱えており、必要に応じて、調停に出席して、調停の進行を整理します。

　調停委員会を構成する2人の調停委員は、ある程度年配の男女のペアがほとんどです。公平かつ柔軟に調停を進めていくため、調停委員には、健全な良識と豊富な社会経験を要求され、男女のバランスも考慮されているのです。

　調停委員の年齢は、60歳代が最も多く、70％弱を占めます。その次に50歳代が続き、25％程度となります。

　調停委員の職業（本業）は、弁護士、その他専門家、会社・団体の役員・理事が多いです。データによると、無職が40％を超えていますが、これは、会社・団体の役員・理事などを退任された方なのでしょう。

　詳細な統計は、141ページ「5．データから見る遺産分割調停」の「4　調停委員の年齢と識業」をご覧ください。

3 具体的な実務の手続き

1 調停の流れ

　それでは、調停の具体的な流れについて説明をしていきます。

　まず、遺産分割調停申立書（**記載例⑮**）を家庭裁判所に提出すると、およそ1か月から2か月後に期日が定められ、相手方に申立書、呼出状等が送付されます。

　そして、当事者双方が期日に出席することになります。なお、急な呼び出しに対応できない相手方は、裁判所に連絡することで、期日を調整してもらうことも可能です。

　通常の民事裁判と異なり、弁護士に依頼している場合でも、当事者本人は調停期日に出席しなければなりません。よって、当事者が弁護士に依頼している場合は、当事者本人と弁護士が一緒に期日に出席することになります。

　当事者本人も出席しなければならないのであれば、弁護士に依頼する必要はないようにも思えそうですが、後述する複雑な理論を主張し、かつ、事実の裏付け（立証）をするために、弁護士の助力はとても重要です。

　では、具体的な手続きはどのように進められるのでしょうか。

　第1回の期日は、当事者双方（「申立人」と「相手方」といいます）が調停室に入室し、一同、調停委員から、調停制度や進め方についての説明を受けます。

　その後、調停委員は、調停室において、当事者交互にあるいは双方同

時に事情を聴きとり、争点を明確にして、合意の形成を図っていきます。

1回の調停期日にかかる時間は、1時間から2時間程度です。

調停期日の終了にあたっては、それぞれに課題を与え、次回の期日を決定します（続行期日の指定）。次回期日の指定は、当事者が課題をこなす時間を考慮しますが、おおむね1か月から2か月後くらいです。

遺産分割調停は、5つのステップ（「1．相続人の確定」→「2．相続財産の範囲の確定」→「3．相続財産の評価」→「4．特別受益、寄与分の考慮」→「5．具体的な分割方法の確定」）で協議し、具体的な割当を決めていくことになります。

■5つのステップ

```
Step 1．相続人の確定
      ↓
Step 2．相続財産の範囲の確定
      ↓
Step 3．相続財産の評価
      ↓
Step 4．特別受益、寄与分の考慮
      ↓
Step 5．具体的な分割方法の確定
```

話し合いにより、遺産分割の合意ができると調停成立に至り（**記載例⑯**）、合意の成立が難しいと、調停不成立あるいは取下げによって、調停手続は終了します。

以下、5つのステップについて、簡単に説明していきます。

記載例⑮　遺産分割調停申立書

この申立書の写しは、法律の定めるところにより、申立ての内容を知らせるため、相手方に送付されます。

	受付印	遺産分割	☑ 調停 □ 審判	申立書
収入印紙　　　　円 予納郵便切手　　円		（この欄に申立て1件あたり収入印紙1,200円分を貼ってください。） （貼った印紙に押印しないでください。）		

東京　　家庭裁判所 　　　　　御中 平成〇年〇月〇日	申　立　人 （又は法定代理人など） の　記　名　押　印	青　山　太　郎　　㊞

添付書類	（審理のために必要な場合は、追加書類の提出をお願いすることがあります。） □ 戸籍（除籍・改製原戸籍）謄本（全部事項証明書）合計　　　通 □ 住民票又は戸籍附票　合計　　　通　　□ 不動産登記事項証明書　合計　　　通 □ 固定資産評価証明書　合計　　　通　　□ 預貯金通帳写し又は残高証明書　合計　　　通 □ 有価証券写し　合計　　　通　　□	準口頭

当事者	別紙当事者目録記載のとおり		
被相続人	本　籍 （国　籍）	東京　㊳道 　　　　府県	〇〇区〇〇町〇丁目〇番地
	最後の 住　所	東京　㊳道 　　　　府県	〇〇区〇〇町〇丁目〇番〇号
	フリガナ 氏　名	アオヤマ　ダイスケ 青　山　大　介	平成〇年〇月〇日死亡

申　立　て　の　趣　旨
被相続人の遺産の分割の（　☑ 調停　／　□ 審判）を求める。

申　立　て　の　理　由	
遺産の種類及び内容	別紙遺産目録記載のとおり
被相続人の債務	☑ 有　／　□ 無　／　□ 不明
☆ 特 別 受 益	□ 有　／　☑ 無　／　□ 不明
遺　　　　言	□ 有　／　☑ 無　／　□ 不明
遺産分割協議書	□ 有　／　☑ 無　／　□ 不明
申 立 て の 動 機	☑ 分割の方法が決まらない。 □ 相続人の資格に争いがある。 □ 遺産の範囲に争いがある。 □ その他（　　　　　　　　　　　　　　　　　　　　　　　　　）

（注）太枠の中だけ記入してください。
　　　□の部分は該当するものにチェックしてください。
　　　☆の部分は、被相続人から生前に贈与を受けている等特別な利益を受けている者の有無を選択してください。「有」を選択した場合には、遺産目録のほかに、特別受益目録を作成の上、別紙として添付してください。

この申立書の写しは、法律の定めるところにより、申立ての内容を知らせるため、相手方に送付されます。

当 事 者 目 録

☑申立人 □相手方	本　籍（国　籍）	東京 ㊞道府県 ○○区○○町○丁目○番地
	住　所	〒○○○-○○○○　東京都○○区○○町○丁目○番○号　（　　　　方）
	フリガナ氏　名	アオヤマ　タロウ　青山太郎 ／ 大正 ㊞昭和 平成　○年○月○日生（○○歳）
	被相続人との続柄	長男
□申立人 ☑相手方	本　籍（国　籍）	東京 ㊞道府県 ○○区○○町○丁目○番地
	住　所	〒○○○-○○○○　東京都○○区○○町○丁目○番○号　（　　　　方）
	フリガナ氏　名	アオヤマ　ジロウ　青山次郎 ／ 大正 ㊞昭和 平成　○年○月○日生（○○歳）
	被相続人との続柄	次男
□申立人 □相手方	本　籍（国　籍）	都道府県
	住　所	〒　　-　　　　　　　　　　　　　　　　　　　（　　　　方）
	フリガナ氏　名	大正 昭和 平成　年　月　日生（　　歳）
	被相続人との続柄	
□申立人 □相手方	本　籍（国　籍）	都道府県
	住　所	〒　　-　　　　　　　　　　　　　　　　　　　（　　　　方）
	フリガナ氏　名	大正 昭和 平成　年　月　日生（　　歳）
	被相続人との続柄	
□申立人 □相手方	本　籍（国　籍）	都道府県
	住　所	〒　　-　　　　　　　　　　　　　　　　　　　（　　　　方）
	フリガナ氏　名	大正 昭和 平成　年　月　日生（　　歳）
	被相続人との続柄	

（注）□の部分は該当するものにチェックしてください。

第5章　遺産分割調停

遺　産　目　録（□特別受益目録）

【土　地】

番号	所　在	地　番	地目	地　積	備　考
		番		平方メートル	
1	○○区○○町○丁目	○○○ ○	宅地	○○○ ○	建物1の敷地

（注）この目録を特別受益目録として使用する場合には、（□特別受益目録）の□の部分をチェックしてください。また、備考欄には、被相続人から生前に贈与を受けた相続人の氏名を記載してください。

遺 産 目 録（□特別受益目録）

【建　物】

番号	所　　在	家屋番号	種類	構　造	床　面　積	備　考
1	○○区○○町○丁目	○○	居宅	鉄筋コンクリート造陸屋根2階建	平方メートル 1階○○　○○ 2階○○　○○	

（注）この目録を特別受益目録として使用する場合には、（□特別受益目録）の□の部分にチェックしてください。また、備考欄には、被相続人から生前に贈与を受けた相続人の氏名を記載してください。

遺　産　目　録（□特別受益目録）

【現金、預・貯金、株式等】

番号	品　　　目	単　位	数　量（金　額）	備　考
1	みなと銀行青山通り支店 普通預金 番号○○○○○○		10,000,000円	
2	みなと銀行青山通り支店 定期貯金 番号○○○○○○		20,000,000円	
3	ゆうちょ銀行 通常貯金 記号番号○○○○○－○○○○○○		5,000,000円	
4	青山商事㈱ 普通株式		6,000株	

（注）この目録を特別受益目録として使用する場合には、（□特別受益目録）の□の部分にチェックしてください。また、備考欄には、被相続人から生前に贈与を受けた相続人の氏名を記載してください。

2 調停における5つのステップ

Step 1 相続人の確定

遺産分割調停はすべての法定相続人で行いますので、被相続人の出生から死亡までの全戸籍を調査し、すべての相続人を洗い出します。

なお、法定相続人であっても、以下に述べる欠格事由、排除事由がある場合は相続権がなくなり、遺産分割調停の当事者から外れます。

① 相続欠格（民891）

被相続人を殺したり、詐欺・強迫により遺言を書かせたりするなどの欠格事由のある相続人は当然に相続権がなくなります。

ただし、代襲相続は可能ですので、欠格事由のある相続人に子どもがいる場合、その子どもが法定相続人として、遺産分割調停に加わることになります。

（相続人の欠格事由）

第891条　次に掲げる者は、相続人となることができない。

一　故意に被相続人又は相続について先順位若しくは同順位にある者を死亡するに至らせ、又は至らせようとしたために、刑に処せられた者

二　被相続人の殺害されたことを知って、これを告発せず、又は告訴しなかった者。ただし、その者に是非の弁別がないとき、又は殺害者が自己の配偶者若しくは直系血族であったときは、この限りでない。

三　詐欺又は強迫によって、被相続人が相続に関する遺言をし、撤回し、取り消し、又は変更することを妨げた者

四　詐欺又は強迫によって、被相続人に相続に関する遺言をさせ、撤

回させ、取り消させ、又は変更させた者
　五　相続に関する被相続人の遺言書を偽造し、変造し、破棄し、又は隠匿した者

② 相続排除（民892）

　被相続人を虐待し、侮辱しまたは著しい非行をした法定相続人（遺留分を有する者に限られます）は、家庭裁判所の審判によって、相続権が剥奪されます。

　ただし、欠格同様、代襲相続は可能です。

（推定相続人の廃除）
第892条　遺留分を有する推定相続人（相続が開始した場合に相続人となるべき者をいう。以下同じ。）が、被相続人に対して虐待をし、若しくはこれに重大な侮辱を加えたとき、又は推定相続人にその他の著しい非行があったときは、被相続人は、その推定相続人の廃除を家庭裁判所に請求することができる。

Step 2　相続財産の範囲の確定

　相続人が確定しますと、次に遺産分割の対象となる相続財産の範囲の確認・合意を行います。

　遺産分割の前提問題である相続財産の権利関係に争いがある場合（たとえば、ある不動産が被相続人所有か相続人所有かで争われており、相続財産の範囲が確定しない場合）、それは実体法上の権利義務の問題であり、原則として民事裁判（所有権の確認訴訟）によって解決する必要があります。

　そこで、調停をいったん取り下げ、民事裁判を提起し、民事裁判手続

によって相続財産の権利関係を明らかにします。その後、あらためて遺産分割調停を申し立て、その分割を決めていくことになります。

この点、調停手続において、相続財産の範囲を合意することも可能ですが、調停手続による合意には既判力（あとの裁判への拘束力）がないので、後日、蒸し返される危険もあります。

その他、遺産分割の対象となる相続財産の範囲については、以下のようなルールがあります。

① 不動産、有価証券

問題なく、遺産分割の対象となります。

② 預貯金

預貯金などの金銭債権は「可分」債権（性質上、分割可能な債権）といわれ、遺産分割協議を待つまでもなく、相続開始とともに当然に法定相続分に分割されて、各相続人に帰属します。

よって、具体的な分割方法を決める余地はなく、原則として、遺産分割の対象とはなりません。

もっとも、可分ではあっても、実務において、銀行などの金融機関は、遺産分割協議書などがないと預貯金の引き出しを認めてくれないことが多く、また、遺産分割における調整金として有用なので、調停手続において、預貯金債権も遺産分割の対象に加えることに合意し、遺産分割協議において具体的な分割方法を決めることがほとんどです。

③ 現金

一般的な感覚からすると違和感がありますが、金銭債権とは異なり、「不可分」（性質上、分割不可能）とされているので、相続開始とともに当然に分割されることはなく、遺産分割協議で分割方法を決める必要があり、当然に遺産分割の対象となります。

④ 借入金、買掛金

借入金、買掛金などの金銭債務は、預貯金などの金銭債権と同様「可分」債務（性質上、分割可能な債務）なので、遺産分割協議を待つまでもなく、相続開始とともに当然に法定相続分に分割され、各相続人に帰属します。

　また、金銭債務は、金銭債権などの可分債権と異なり、相続人当事者間の合意のみによって相続分を変更することはできず、債権者（金融機関など）の承諾が必要となります。

　よって、現実問題として、債権者との関係において、金銭債務を法定相続分と異なる割合に分割するのは難しいです。

⑤　使途不明金

　「ある」と主張する相続人が調査しても立証できない場合は、ないものとして調停を進めざるを得ません。

⑥　相続財産から生じた利息、配当、家賃

　相続財産である預貯金から生じた利息、株式から生じた配当、不動産から生じた家賃などを「遺産収益」といいます。

　遺産収益は、原則として相続財産ではなく、遺産分割協議が成立するまでは、各人が法定相続分に応じて分割取得することになります。そして、遺産分割協議の成立によって、遺産収益の原因となる相続財産の帰属が決まったあとも、その効果は変わりません（最高裁平成17年9月8日判決）。

　すなわち、遺産分割の効果は相続開始時にさかのぼるものとされていますが、遺産収益の帰属には影響を与えず、さかのぼって返済する必要はないのです。

　もっとも、実務上、遺産分割協議において、遺産収益もまとめて解決することが多いでしょう。

⑦　葬儀費用

　葬儀費用は、被相続人死亡後に発生する債務であり、厳密には、被

相続人の債務（相続債務）ではありません。

そこで、葬儀費用については、祭祀承継者が負担するか、あるいは、相続人間の協議によって費用負担を決めるべき事項となります。そして、相続人間で調整できない場合は、理論上は、別途、民事訴訟を提起して解決すべき問題となります。

もっとも、実務上、調停手続において、預貯金などの可分債権を遺産分割の対象とすることに合意し、葬儀費用についても、まとめて解決することが多いです。

⑧　生命保険金

受取人固有の財産であり、被相続人が受取人でない限り、相続財産に含まれず、遺産分割の対象とはなりえません。

相続税の申告において、生命保険金も相続財産とみなされるのと異なります。

Step 3　相続財産の評価

遺産分割の対象となる相続財産が決まりましたら、次に当該相続財産の評価を行います。

この点、相続税を計算する際の相続財産の評価は、相続開始時の時価とされており（相法22）、実務では、財産評価基本通達を使うことが一般的です。

他方、遺産分割調停における遺産の評価は、当事者が合意すればどのような方法でも良いのですが、こちらも一般的には、財産評価基本通達を利用することが多いでしょう。もちろん、他の算定方法（不動産鑑定、公認会計士による鑑定など）による評価も可能であり、より公平で納得感のある評価方法を協議し、合意を形成していきます。

算定基準時についても、目の前にある相続財産を公平に割り当てることが目的なので、相続開始時ではなく、現在時（遺産分割時）を基準と

します。

　当事者が相続財産の評価に合意できないと、鑑定の結果を尊重するという前提条件の下で、鑑定を実施することもあります（費用負担は当事者で協議）。

　いずれにしても、相続財産の評価は、当事者全員が納得できる方法により算定される必要があります。

　なお、寄与分、生前贈与の評価時は、現在時（遺産分割時）ではなく、相続開始時とされており、注意が必要です（もっとも、当事者が合意すれば現在時でもかまいません）。

Step 4　特別受益、寄与分の考慮

　相続財産の評価が終わりますと、次に、特別受益や寄与分を考慮する必要があるかを協議します。

　たとえば、生前贈与など、特定の相続人が被相続人から特別な利益を受けている場合には、具体的相続分の算定において、当該特別受益を考慮する必要があります。

　他方、療養看護など、特定の相続人が被相続人のために特別の寄与をして、相続財産の維持、増加をした場合にも、具体的相続分の算定において、当該特別寄与を考慮する必要があります。

　つまり、特別受益や寄与分を考慮する必要がある場合、特別受益については相続財産に加算して、寄与分については相続財産から控除して、それぞれの具体的相続分を算定するのです。

　遺産分割調停においては、この特別受益や寄与分が最も対立が起きやすい争点の1つでしょう。

①　特別受益

　特別受益とは、被相続人からの遺贈や、相続分の前渡しと評価できる生前贈与のことをいいます。

同じ生前贈与であっても、扶養義務に基づく援助としての贈与と評価される場合は特別受益には該当しません。また、相続人本人ではなく、相続人の妻や子どもに対する贈与も原則として特別受益に該当しません。

　なお、特別受益として評価される生前贈与には相続税法19条に定めるような「相続開始前3年以内」という制限はありません。また、相続人を受取人とする生命保険金は原則として特別受益に含まれません。

　共同相続人の中で、特別受益者がいる場合、相続人間の公平を図るため、特別受益を相続財産に加算して（持戻し）、遺産分割協議をすることになります（民903①）。

特別受益　┬①遺贈
　　　　　└②生前贈与
　　　　　　　・婚姻や養子縁組のための贈与
　　　　　　　　　［例］持参金、支度金
　　　　　　　・生計の資本としての贈与（生計の基礎として役立つか）
　　　　　　　　　［例］居住用不動産の贈与

（注）金額の多寡、贈与の目的、使途などを総合的に勘案して判断されます。

――――＜用語の説明＞――――

・「特別受益の持戻し」…特別受益を相続財産に加算すること。
・「持戻し免除の意思表示」…被相続人は意思表示によって、持戻しを免除することができます（民903③）。もっとも、同意思表示によっても、法定相続人の遺留分を侵害することはできません。
・「みなし相続財産」…特別受益を加算したあとの相続財産。相続税法上のみなし相続財産とは別の概念です。

■特別受益の設例

- 被相続人は大介、法定相続人は子の太郎と次郎
  - 大介の相続財産5,000万円
  - 大介は太郎に3,000万円の生前贈与
  - ⬇ 特別受益を考慮して遺産分割すると
  - 太郎の特別受益3,000万円を持ち戻し、みなし相続財産は8,000万円
  - 太郎・次郎の法定相続分は、それぞれ2分の1の4,000万円
  - <u>太郎の具体的相続分は1,000万円（法定相続分4,000万円－特別受益分3,000万円）</u>、次郎の具体的相続分は4,000万円

② **寄与分**

　寄与分とは、被相続人の事業に関する労務の提供、被相続人への財産上の給付、療養看護その他、相続財産の維持・増加への特別な寄与をいいます。

　寄与分と認められるには、通常の期待を超える特別な貢献であることが必要となります。また、相続人の配偶者や子どもが特別な貢献をした場合でも、相続人の履行補助者とみて、寄与分の主張をすることができます。

　共同相続人の中に特別な寄与をした者がいるときは、相続人間の公平を図るため、相続財産から寄与分を控除したものを相続財産とみなして遺産分割協議をすることになります（民904の2）。

寄与分の種類
① 家事従事型
② 金銭等出資型
③ 療養看護型
④ 扶養型
⑤ 財産管理型

---<用語の説明>---

- 「寄与分の控除」…寄与分を相続財産から控除すること。
- 「みなし相続財産」…寄与分を控除したあとの相続財産。
  　　　　　　　　　相続税法上のみなし相続財産とは別の概念です。

■寄与分の設例

- 被相続人は大介、法定相続人は子の太郎と次郎
  　大介の相続財産5,000万円
  　太郎は1,000万円の特別寄与
  　　　　　⬇　寄与分を考慮して遺産分割すると
  　太郎の寄与分1,000万円を控除し、みなし相続財産は4,000万円
  　太郎・次郎の法定相続分は、それぞれ2分の1の2,000万円
  <u>太郎の具体的相続分は3,000万円（法定相続分2,000万円＋寄与分1,000万円）、次郎の具体的相続分は2,000万円</u>

Step 5　具体的な分割方法の確定

　相続財産の性質により、以下の分割方法があり、当事者の合意により、適宜、相応しい分割方法を選ぶことができます。不動産など、現物分割が難しい相続財産の場合は、換価分割、代償分割、共有分割によることになります。

　具体的な分割に際しては、各当事者において、小規模宅地等の特例の適用があるか、譲渡所得が発生するか、発生するとしていくらくらいか、などの税負担を事前に検討しておく必要があります。

- 現物分割…［例］不動産を分筆して分ける。
- 代償分割…［例］相続分を自分または相手が買い取る。

・換価分割…［例］相続財産を第三者に売却して、お金を分ける。
　　　　　　（注）譲渡所得税が発生する可能性があるので注意が必要です。
・共有分割…［例］相続分での共有とする。
　　　　　　（注）将来、共有物分割請求がありえます。

3 調停の終了

　調停は、相続人全員が遺産分割の内容に合意できた場合、「調停成立」によって、終了します（**記載例⑯**）。

　調停が成立すると、調停調書に基づき、調停内容に従った分割方法を実現できるようになります。別途、遺産分割協議書を作成したり、相続人全員の印鑑登録証明書を用意する必要はありません。

　遺産分割に協力しない者に対しては、調停調書に基づき、強制執行をすることもできます。

　複数の相続人の中の1人でも遺産分割の内容に合意できなかった場合は「調停不成立」となり、自動的に審判に移行します。

　また、遺産分割調停が合意に至る見込みがない場合、申立人による「申立の取下げ」によっても終了します（取り下げた場合は未分割のままなので、後日、再度、遺産分割協議・調停・審判をする必要があります）。

　相続紛争に巻き込まれたくない相続人は、自らの相続分を放棄し、あるいは、他の相続人に譲渡して、「脱退」という手続きにより、遺産分割調停から抜けることができます。

　合意が難しい場合でも、納税資金を確保する必要等を考慮し、争いのない部分につき、「一部分割」の調停を成立させることもあります。

　その他、家庭裁判所が、調停における事情を斟酌し、「調停に代わる審判」をすることもあります。

主な調停の終了原因 ｛
① 調停成立
② 調停不成立 → 審判へ
③ 調停に代わる審判
④ 取下げ
⑤ 脱退（調停自体は終了しない）

記載例⑯　遺産分割調停調書

調　書（成立）

事件の表示　　平成○年（家）第○号　遺産分割調停申立事件
期　　　日　　平成○年○月○日○時○分
場　　　所　　東京家庭裁判所
家事審判官　　○　○　○　○
家事調停委員　○　○　○　○
家事調停委員　○　○　○　○
裁判所書記官　○　○　○　○

当事者等及びその出頭状況
住　　　所　　東京都○○区○○町○丁目○番○号
　　　　　　　申立人　　　　　　　青　山　太　郎　（出　頭）
　　　　　　　同代理人弁護士　　　○　○　○　○　（出　頭）

住　　　所　　東京都○○区○○町○丁目○番○号
　　　　　　　相手方　　　　　　　青　山　次　郎　（出　頭）
　　　　　　　同代理人弁護士　　　○　○　○　○　（出　頭）

本　　　籍　　東京都○○区○○町○丁目○番地
最後の住所　　東京都○○区○○町○丁目○番○号
　　　　　　　被相続人　　　　　　青　山　大　介
　　　　　　　　　　　　　　　　　平成○年○月○日死亡

別紙調停条項のとおり調停が成立した。

　　　東京家庭裁判所
　　　　　裁判所書記官　　○○○○

（別紙）

調 停 条 項

1 申立人及び相手方は、別紙遺産目録（以下、「遺産目録」という。）記載の財産及び未分割の段階で相続税支払のため解約、使用済みの財産が被相続人の遺産であることを確認し、これを次のとおり分割する。
2 申立人は、次の財産を取得する。
（1）遺産目録1及び2の不動産
（2）遺産目録3の株式
3 相手方は、次の財産を取得する。
（1）遺産目録4（1）ないし（3）の預貯金
（2）遺産目録5の現金
4 申立人は、第2項の遺産を取得した代償として、相手方に対し、○○○円を支払うこととし、これを平成○年○月○日限り、相手方の指定する口座（○○銀行○○支店○○○）に振り込む方法で支払う。なお、振込手数料は申立人の負担とする。
5 申立人及び相手方は、遺産目録記載の財産以外に被相続人の遺産が発見されたときは、その分割につき、別途協議する。
6 申立人及び相手方は、以上をもって被相続人の遺産に関する紛争が一切解決したものとし、申立人と相手方との間には、本調停条項に定めるもののほか、何らの債権債務のないことを相互に確認する。
7 調停費用は、各自の負担とする。

(別紙)

遺 産 目 録

1 土地
　　所　　在　　東京都〇〇区〇〇町〇丁目
　　地　　番　　〇〇〇番〇号
　　地　　目　　宅地
　　地　　積　　〇〇〇.〇〇平方メートル
2 建物
　　所　　在　　東京都〇〇区〇〇町〇丁目
　　家屋番号　　〇〇
　　種　　類　　居宅
　　構　　造　　鉄筋コンクリート造屋根2階建
　　床 面 積　　1階　〇〇.〇〇平方メートル
　　　　　　　　2階　〇〇.〇〇平方メートル
3 株式
　　青山商事株式会社　6,000株
4 預貯金
　（1）みなと銀行青山通り支店　定期預金　口座番号：〇〇〇〇〇
　　　　　　　　　　　　　　　　　　　　　　　　　金3,000万円
　（2）みなと銀行青山通り支店　普通預金　口座番号：〇〇〇〇〇
　　　　　　　　　　　　　　　　　　　　　　　　　金2,000万円
　（3）ゆうちょ銀行　通常貯金　記号番号：〇〇〇〇－〇〇〇〇〇〇
　　　　　　　　　　　　　　　　　　　　　　　　　金500万円
5 現金
　　金〇万〇〇〇〇円

4 ドキュメント「遺産分割調停」

　太郎さんと次郎さんの遺産分割調停を、具体的にイメージしてみましょう。

　　　　　　　＊　　　　　＊

●0か月目…法律相談、事件の依頼

　太郎さんは、乙山法律事務所を訪問し、遺産分割調停を申し立てることについて相談をしました。

　太郎さんは、相続財産に関する資料を用意し、次郎さんとの交渉経緯について報告しました。

　乙山弁護士からは、調停の具体的な流れを説明してもらい、また、調停における争点、調停にかかる日数、結果の見込みを教えてもらいました。

　さらに、乙山弁護士から、依頼を受ける場合の弁護士費用の見積書も出してもらいました。

第5章　遺産分割調停

太郎さんは、見積書を検討し、遺産分割調停を依頼（委任）することにしました。

　その後、遺産分割調停を申し立てるための打合せが数回行われました。

> 　打合せでは、事実関係を確認し、争点（紛争となる事項）を洗い出します。さらに、弁護士から、解決までにかかる見込み期間、結果の見通しの説明を受け、弁護士報酬の見積もりについても説明をしてもらいます。
>
> 　太郎さんは、乙山弁護士から、青山商事の株式の評価と、太郎さんが大介さんを療養介護していたことについての評価（寄与分）が争点になるとの説明を受けました。
>
> 　太郎さんは、乙山弁護士に正式に依頼（委任）することにしましたので、乙山弁護士に着手金を支払います。
>
> 　そして、乙山弁護士は、遺産分割調停申立書を作成して（「起案」といいます）、管轄する家庭裁判所に調停を申し立てる準備を始めます。

●1か月目…遺産分割調停の申立

　乙山弁護士より、遺産分割調停の申立がなされました。

　その後、乙山弁護士と家庭裁判所の間で、第1回調停期日の日程調整をし、太郎さんと次郎さんの遺産分割調停は、2か月後のある日の10時からと決まりました。

　その後、家庭裁判所から相手方の次郎さんに対し、申立書（副本）と呼出状が送付されました。

●3か月目…第1回調停期日の開催

- 10時00分…　太郎さんと乙山弁護士が9時50分くらいに家庭裁判所に到着し、申立人待合室で待っていると、10時ちょうどに、調停委員から「青山さん」と声がかかりました。

　　調停委員から「まずは、手続きの説明をさせていただく。調停室では、次郎さんと対面することになるが、大丈夫か？」と聞かれました。

　　太郎さんは「特に問題はない。」と答えました。

　　そこで、太郎さん、乙山弁護士、次郎さん、次郎さんの代理人弁護士（合計4名）が入室して、調停委員から、調停手続の説明を受けることになりました（どうしても相手方と対面したくない場合は、別々に説明を受けることもできます）。

- 10時10分…　説明を終えた調停委員は、「まずは太郎さんから話を聞

くので、次郎さんは相手方待合室で待っていてほしい。」と述べ、次郎さんと次郎さんの代理人弁護士は退室して、相手方待合室で待機することになりました。

　そして、調停委員が、太郎さんと乙山弁護士（調停手続において、当事者と代理人弁護士は共に行動しますが、以下「代理人弁護士」の記載は省略します）に事情を聞いてきましたので、太郎さんは、相続財産の詳細や遺産分割協議を続けてきたがまとまらなかった経緯を報告し、特に遺産である青山商事の株式の評価と寄与分（療養介護）について、次郎さんとの間で意見の相違があることを説明しました。

- 10時40分…　太郎さんは、調停委員から「次郎さんからも話を聞きたいので、申立人待合室で待っていてほしい。」と言われたため、調停室を退室し、申立人待合室に移動しました。

　太郎さんの退室と同時に、調停委員の1人が、相手方待合室で待機している次郎さんを呼びに行き、太郎さんと入れ替わりで次郎さんが調停室に入りました。

　次郎さんは、調停委員に「青山商事の株式の評価と寄与分（療養介護）に加え、太郎さんの提示する不動産の評価についても不満である。」との意見を述べました。

> 調停期日において、申立人は「申立人待合室」、相手方は「相手方待合室」で待つことになります。待っていると、調停委員が呼びに来るので、調停委員に従って調停室に入り、話し合いを行います。他方当事者と入れ替わりで退室する際も、各待合室で待つことになります。

- 11時10分… その後、次郎さんが退室し、入れ替わりで太郎さんが調停室に入りました。

調停委員は、太郎さんに「次郎さんは、株価評価、寄与分に加え、不動産の評価にも不満を持っている。」と伝え、本調停における争点が、①株式の評価、②不動産の評価、③寄与分（療養介護）であるとの整理を示しました。

太郎さんは、次郎さんから不動産の評価に対する不満を述べられたことはなかったので、次郎さんの発言に驚きました。

そして、調停委員は、太郎さんに「次回の調停期日までに、株式と不動産の評価に関する資料、療養介護に関する

具体的主張をするように。」との指示（宿題）を出しました。

- 11時30分… その後、当事者双方と調停委員で、次回期日の日程調整を行いました。

　　太郎さんが資料を準備する必要があるので、次回期日は余裕をもって2か月後のある日の13時からに決まりました。

　第1回の調停期日で、おおよその争点が明らかになります。当初の打合せでは把握できなかった争点が出てくることもあります。

　太郎さんと次郎さんのケースでも、調停期日になって初めて、不動産の評価も争点となることが明らかとなりました。

　裁判所から指示された宿題（資料の提出）については、太郎さんと乙山弁護士が打合せをして準備していくことになります。

　次回期日を有効に活用するためには、裁判所と次郎さんに、太郎さんが提出した資料を検討する時間を与える必要がありますから、太郎さんは、次回期日の相当前に、宿題とされた資料を裁判所と次郎さんに提出することが望ましいです。

● 4か月目…打合せと資料の提出

　太郎さんと乙山弁護士は打合せを行い、前回の期日において宿題とされた資料を準備し、家庭裁判所と次郎さんにＦＡＸで提出しました。

　司法界では、ＦＡＸが重用されています。

　家庭裁判所のみならず、裁判所全般において、書類のやりとりは、ＦＡＸ、郵送、手渡しが通例です。裁判所に電子メールで資料を提出することはほとんどありません。

ドキュメント「遺産分割調停」

また、弁護士間における書類のやりとりも、ＦＡＸや郵送が主流であり、電子メールを活用する弁護士はまだまだ少数です。

● 5 か月目…第 2 回調停期日の開催

- 13時00分…　太郎さんが申立人待合室で待っていると、調停委員から呼ばれました。

   2回目以降は、調停の進捗状況に応じて、必要な当事者から先に話を聞かれます。

   今回は、期日と期日の間（期日間）に、太郎さんが資料を提出しているので、調停委員は、資料の説明を受けるため、まずは太郎さんから話を聞くことにしたのです。

   そこで、太郎さんは調停室に入り、提出した資料の説明をしました。

- 13時20分…　太郎さんと入れ替わりで、次郎さんが調停室に入りました。

   調停委員は、太郎さんから提出された資料についての次郎さんの意見を聞きました。

   次郎さんは「提出された資料のうち、寄与分（療養介護）については一定の理解ができるものの、株式と不動産の評価については、太郎さんに都合の良いように低く評価されており、納得できない。」との意見を述べました。

- 13時40分…　次郎さんと入れ替わりで、太郎さんが調停室に入りました。

   太郎さんは、調停委員から、次郎さんの意見を伝えられました。

第5章 遺産分割調停

133

次郎さんの意見を受けて、太郎さんは「療養介護の寄与分の一部が認められなくてもかまわない。また、不動産の評価についてもある程度は譲歩できる。しかし、株式の評価については、青山商事は非上場であり、株式に市場性がないことも考えると、今回算出した株価は過小とは言い難い適正な評価であり、さらに譲歩することはできない。」と述べました。

- 14時00分…　太郎さんと入れ替わりで、次郎さんが調停室に入りました。

　次郎さんは、調停委員から、太郎さんの意見が伝えられました。また、調停委員は、次郎さんに「非上場会社の株式は、一義的な評価が難しく、太郎さんが後継者であることも考慮すると、もう少し譲歩できないか？」と聞きました。

さらに、調停委員は、次郎さんに「株価について合意できないと、鑑定人による鑑定が必要となり、その費用は当事者の負担となる。」との説明をしました。
　これに対し、次郎さんは、「株価については、再度検討したい。」と回答しました。

- 14時20分…　次郎さんと入れ替わりで、太郎さんが調停室に入りました。

　太郎さんは、調停委員から、次郎さんの意向を伝えられ、「株価で合意できない場合、鑑定人による鑑定が必要となるかもしれない。その場合は、鑑定費用を当事者に負担していただくことになる。」との説明を受けました。
　その後、当事者双方と調停委員で、次回調停期日の日程を調整しました。
　今回は特に準備に時間のかかる宿題が出されなかったため、太郎さんと次郎さんとしては、次回調停期日は1か月先で良かったのですが、調停委員、代理人の都合が合わず、やむなく次回調停期日は2か月先のある日の10時からとなってしまいました。

　次回調停期日の日程調整においては、まず、家庭裁判所が調停を開催している曜日である必要があり、さらに、調停委員2名、申立人、申立人代理人、相手方、相手方代理人（合計6名）の都合を合わせる必要があるため、調整に難航することはよくあります。
　期日と期日の間隔が長くなってしまうのは、こういった事情もあります。

● 7か月目…第3回調停期日の開催

- 10時00分…　今度は、次郎さんが先に調停委員に呼ばれました（次郎さんは、株価評価をどう考えるかという宿題を出されていたからです）。

　調停室に入った次郎さんは「現時点で鑑定までは考えていない。太郎さんが寄与分（療養介護）について、もう少し譲歩をしてくれるのであれば、株価については太郎さんの主張する価格で了解する。」との検討結果を報告しました。

- 10時30分…　次郎さんと入れ替わりで、太郎さんが調停室に入りました。

　太郎さんは、調停委員から、次郎さんの意見を伝えられ、「寄与分（療養介護）についてもう少し譲歩することは可能か？」と質問されました。

　太郎さんは「一定の限度であれば譲歩することは可能である。」と回答しました。

　さらに、調停委員から「一定の限度とはどのくらいか？」と聞かれました。

　太郎さんは「次郎さんには、今から伝える譲歩限度額を伝えないようにしてほしい。」とお願いした上で、具体的な譲歩限度額を伝えました。

- 10時45分…　太郎さんと入れ替わりで、次郎さんが調停室に入りました。

　調停委員は、次郎さんに「太郎さんは、1円たりとも譲らない、というわけではないようである。次郎さんとして

は、太郎さんがどの程度の譲歩をすれば受け入れられるのか。」と質問をしました。

　次郎さんは、太郎さんに譲歩を求める具体的な寄与分の金額、要求する代償金額を述べました。

　次郎さんの主張する金額は、太郎さんから内々に聞いた金額を超えていましたが、近接していたので、調停委員としては、調停成立が見込めると考えました。

- 11時00分…　次郎さんと入れ替わりで、太郎さんが調停室に入りました。

　調停委員は、太郎さんに対し、次郎さんの要求する具体的な金額を伝えました。

　次郎さんの要求金額は、先ほど太郎さんが調停委員に伝えた金額よりも高額でしたが、さほど離れていなかったので、太郎さんは「持ち帰って検討したい。」と回答しました。

- 11時20分…　太郎さんと入れ替わりで、次郎さんが調停室に入りました。

　調停委員は、次郎さんに対し、太郎さんの意向を伝えました。

　その後、当事者双方と調停委員で、次回期日の日程調整を行い、次回期日は1か月後のある日の10時からに決まりました。

　1回の調停にかかる時間は区々です。第3回調停期日は話し合いがスムーズに進み、比較的早く終わりました。

　次回調停期日までに、太郎さんと乙山弁護士は打合せを行って、現時

点での争点、見通しを確認し、今後の進め方（譲歩して調停を成立させるか、調停不成立を覚悟の上、もう少し権利主張していくか）を協議し、最終的な方針を決めていくことになります。

調停のクライマックスといえるでしょう。

なお、今回、太郎さんが調停委員にお願いしたように、調停では、「調停委員限りで」という前提で、当事者の内々の意向を伝えることがよくあります。調停委員が話し合いをまとめやすくするために、このような方法をとることも時には有効です。

●8か月目…第4回調停期日の開催（調停の成立）

- 10時00分…　先に太郎さんが調停委員から呼ばれ、調停室に入りました。

　　太郎さんは「前回の期日における次郎さんの提案を受け入れる。」と述べ、具体的な遺産分割の調停案を提示しました。

- 10時10分…　太郎さんと入れ替わりで、次郎さんが調停室に入りました。

　　調停委員は、次郎さんに対し、太郎さんの意向を伝え、太郎さんの提案する調停条項を提示し、次郎さんの意見を聞きました。

　　次郎さんは、「太郎さんが提案する調停条項に大筋で了解する。」旨を述べました。

- 10時20分…　合意の見通しが立ったので、調停委員は、次郎さんを退室させることなく、申立人待合室で待機している太郎さんを呼びに行きました。

　　そして、次郎さんが在室している調停室に、太郎さんも入り、遺産分割調停条項について、当事者双方で若干の意見交換をして、微修正を行った上で、合意に至りました。

- 10時40分…　その後、調停を成立させるべく、調停委員は、裁判官と書記官を呼びにいきました。

　　しばらくして、裁判官、書記官も調停室に入ってきて（調停室には８名も入っている状態！）、裁判官が、当事者双方の前で合意した調停条項を読み上げ、当事者双方がその内容で了解したかどうか、尋ねました。

　　そして、太郎さんと次郎さんが、ともに「了解した。」と述べたので、調停は無事成立しました。

　　調停は、裁判官が読み上げた調停条項を了解すれば成立し、署名や捺印などの手続きは不要です。

● 8か月＋数日後…調停調書の送付

遺産分割調停条項が記載された調停調書が、当事者双方に送付されました。

　無事、調停が成立しました。
　調停は、話し合いによって合意をめざす手続きであり、必ず当事者相互の譲歩があるので、当事者が100％満足する結果となることはありえません。
　調停で重要なことは、譲歩できる部分と譲歩できない部分、その優先順位をしっかりと意識して、調停委員にその旨を理解してもらうことです。
　本ケースにおいて、太郎さんは、株式や自宅を確保することの優先順位が高かったため、不動産の評価と寄与分の算定についてはある程度譲歩をしました。
　他方、次郎さんの優先順位は金額面にあったので、不動産の評価や寄与分の算定については強気の交渉をし、代償金の支払いを求める一方、株式や自宅所有権は主張せず、また、株式については評価が難しいことから、その評価についても一定の譲歩をしています。

5 データから見る遺産分割調停

1 申立件数とその結果

平成24年度の遺産分割調停の申立件数は1万2,697件です。

昭和30年度から平成24年度までの申立件数を見てみると、劇的にその件数が増加していることがわかります。

■遺産分割調停 申立件数の動向

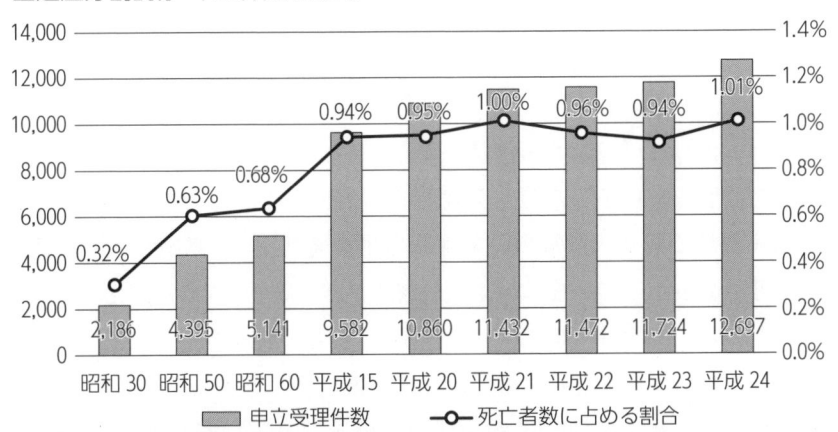

年度	申立受理件数	死亡者数に占める割合
昭和30	2,186	0.32%
昭和50	4,395	0.63%
昭和60	5,141	0.68%
平成15	9,582	0.94%
平成20	10,860	0.95%
平成21	11,432	1.00%
平成22	11,472	0.96%
平成23	11,724	0.94%
平成24	12,697	1.01%

(出典)最高裁判所事務総局「司法統計年報―家事事件編―」(平成24年度)の「第2表 家事審判・調停事件の事件別新受件数―全家庭裁判所」、厚生労働省「平成24年(2012)人口動態統計(確定数)」の「第2表-1 人口動態総覧の年次推移」に基づき、著者が計算。

下表は、平成24年度の遺産分調停事件の処理結果です。

申し立てられた調停は、約60%が成立し、約16%が審判に移行し、約20%が取下げにより終了しています。

■平成24年度 遺産分割調停事件の処理結果内訳

	件数	割合 (小数点第2位まで表示)
終了事件数	12,298件	—
成　　立	7,473件	60.77%
不　成　立 (＝審判に移行)	1,974件	16.05%
取　下　げ	2,565件	20.86%
調停をしない	51件	0.41%
そ　の　他	235件	1.91%

（出典）最高裁判所事務総局「司法統計年報―家事事件編―」（平成24年度）の「第4表　家事調停事件の受理、既済、未済手続別事件別件数―全家庭裁判所」に基づき、著者が計算。

2 審理期間

　平成24年度に終了した遺産分割事件（調停及び審判）の平均審理期間は11.6か月であり、通常の民事訴訟の平均審理期間（8.9か月）の約1.3倍の期間がかかっています（最高裁判所事務総局「裁判の迅速化に係る検証に関する報告書（第5回）」、平成25年7月12日公表、177頁より）。
　このことから、遺産分割事件は、比較的時間のかかる手続きであることがわかります。
　1事件あたりの審理期間の分布は下表のとおりです。1年以内に7割程度の事件が終了しますが（不成立の場合も含む）、中には3年を超えるケースもあります。
　なお、期日間隔（期日と期日の間の期間）の平均は、平成15年度以降、約2か月で横ばいに推移しています（上記報告書180頁より）。通常の民事訴訟の場合は1か月～1.5か月が平均的な期日間隔ですから、期日間

隔が長いことも、遺産分割事件の審理に時間がかかってしまう原因といえるでしょう。

■遺産分割事件の審理期間（調停・審判を通じて1事件あたり）

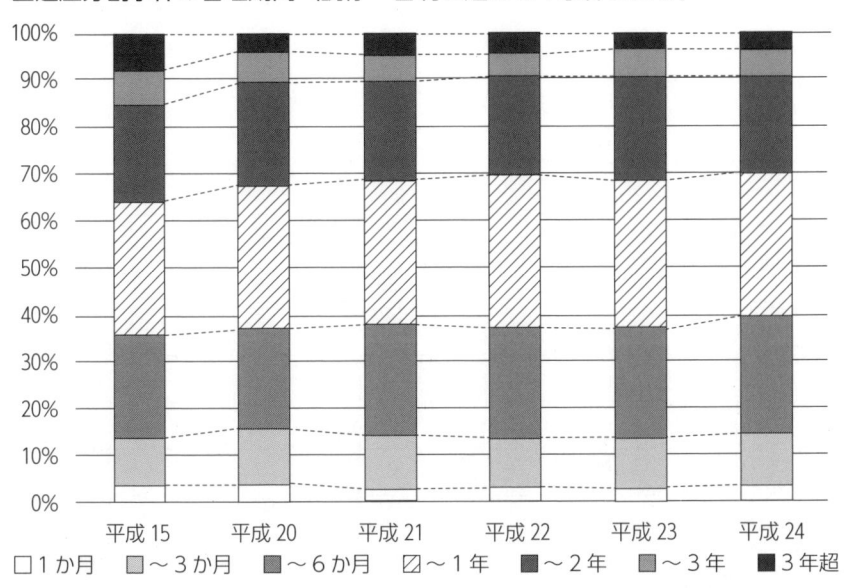

□1か月　■～3か月　■～6か月　▨～1年　■～2年　■～3年　■3年超

(出典) 最高裁判所事務総局「司法統計年報―家事事件編―」（平成20～24年度）の「第43表　遺産分割事件数―終局区分別審理期間及び実施期日回数別―全家庭裁判所」及び同書（平成15年度）の「第41表　遺産分割事件数―終局区分別審理期間及び実施期日回数別―全家庭裁判所」に基づき、著者が計算。

3 審理（期日）回数

　平成24年度に終了した遺産分割事件（調停・審判を通じて1事件あたり）の平均審理（期日）回数は5.9回です。平成15年度の平均審理（期日）回数は6.8回でしたから、9年で0.9回減少していることがわかります。

　他方、一定割合で審理（期日）回数が20回超という事件もあります。

■遺産分割事件の実施期日回数（調停・審判を通じて1事件あたり）

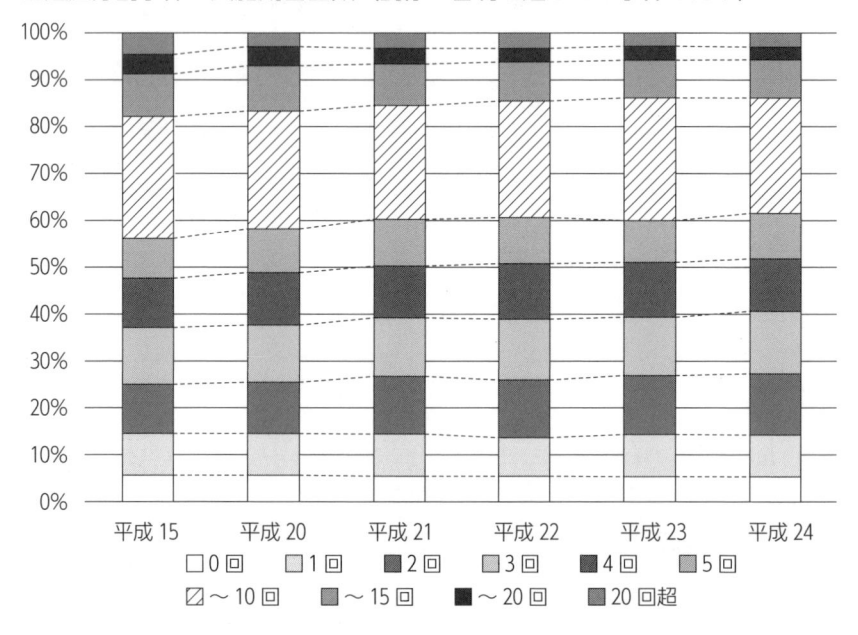

凡例：□0回　□1回　■2回　□3回　■4回　□5回　☒〜10回　■〜15回　■〜20回　■20回超

（出典）最高裁判所事務総局「司法統計年報―家事事件編―」（平成20〜24年度）の「第43表　遺産分割事件数―終局区分別審理期間及び実施期日回数別―全家庭裁判所」及び同書（平成15年度）の「第41表　遺産分割事件数―終局区分別審理期間及び実施期日回数別―全家庭裁判所」に基づき、著者が計算。

■平均審理回数の推移

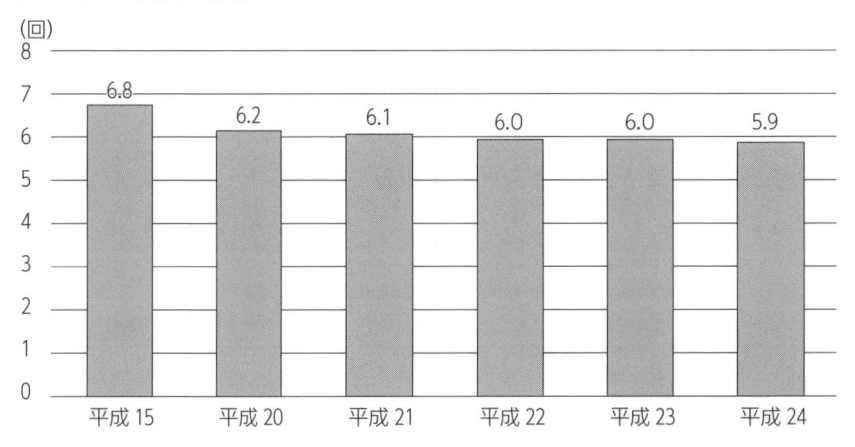

(回)

平成15	平成20	平成21	平成22	平成23	平成24
6.8	6.2	6.1	6.0	6.0	5.9

(出典) 最高裁判所事務総局「裁判の迅速化に係る検証に関する報告書(第5回)」(平成25年7月12日公表)の「図14 平均期日回数及び平均期日間隔の推移(遺産分割事件)」(180頁)に基づき、著者が作成。

4 調停委員の年齢と職業

調停委員の年齢は、60歳代が最も多く、70％弱を占めます。その次に50歳代が続き、25％程度となります。

■調停委員の年齢(平成24年4月1日現在)

年齢別／区分	家事調停委員	
	員数	％
70歳以上	33	0.3
60歳代	8,485	69.4
50歳代	3,009	24.6
40歳代	674	5.5
40歳未満	24	0.2
計	12,225	100.0

(出典) 公益財団法人日本調停協会連合会ホームページ

調停委員の職業（本業）は、弁護士、その他専門家、会社・団体の役員・理事が多いです。無職の方が40％を超えていますが、会社・団体の役員・理事などを退任された方なのでしょう。

■調停委員の職業（平成24年4月1日現在）

職業別／区分	家事調停委員	
	員数	％
弁護士	1,284	10.5
医　師	110	0.9
大学教授など	257	2.1
公務員	176	1.4
会社・団体の役員・理事	1,183	9.7
会社員・団体の職員	491	4.0
農林水産業	172	1.4
商業・製造業	177	1.5
宗教家	277	2.3
公認会計士・税理士・不動産鑑定士・土地家屋調査士　等	2,066	16.9
その他	945	7.7
無　職	5,087	41.6
計	12,225	100.0

（出典）公益財団法人日本調停協会連合会ホームページ

6 弁護士費用、手続費用

1 弁護士費用

　遺産分割調停事件における弁護士費用は、着手金報酬金制をとる弁護士が多いです。

　また、調停でまとまらずに審判に移行することを見越して、審判手続分も含めて費用を決めることが多く見られます。

■弁護士費用の一般的な料率

経済的利益（※）	着手金額	報酬金額
300万円以下	8％	16％
300万円を超えて3,000万円以下	5％＋9万円	10％＋18万円
3,000万円を超えて3億円以下	3％＋69万円	6％＋138万円
3億円超	2％＋369万円	4％＋738万円

※　経済的利益

　着手金算定における経済的利益は、原則として取得することになる相続分の時価相当額、報酬金算定における経済的利益は現実に取得した相続分の時価評価相当額をいいます。

　相続財産の範囲や相続分について争いがない場合には、時価相当額の3分の1の額を基準とすることもあります。

（注）手続きによる弁護士費用の違い

　調停手続のみの場合、上記料率で算出された着手金額の3分の2として、審判に移行した場合に残り3分の1を追加着手金として請求することもあります。

2012年2月、日本弁護士連合会が弁護士に弁護士費用のアンケートをとりました。

　その結果、遺産総額1億円、相続人は妻と子ども2人の合計3人である場合の遺産分割調停事件（※）の弁護士費用について、下表のとおりの回答がありました。着手金は50万円前後が多数を占めましたが、報酬金は100万～200万円前後まで幅広い回答が寄せられました。

　遺産分割調停は、基本的には当事者による話し合いにより解決する方法であり、相続財産に争いがあるか否か、相続人間の対立の有無等、事案により難易度が異なります。

　弁護士に委任される際は、見積書を出してもらうなど、事前によく確認してください。

■遺産総額1億円、相続人は妻と子ども2人の合計3人である場合
（※　妻から受任し、5回の期日を経て妻が5,000万円相当の財産を取得したケース）

着手金		報酬金	
30万円以下	7.6%	50万円以下	2.7%
50万円前後	56.1%	100万円前後	29.9%
100万円前後	24%	150万円前後	16.9%
150万円前後	5.7%	200万円前後	22.6%
200万円前後	3.8%	250万円前後	11.1%
250万円前後以上	7.6%	300万円前後	11.5%
		350万円以上	2.7%

（出典）数値は、日本弁護士連合会『弁護士白書　2012年版』198頁に基づく。

2 手続費用

　遺産分割調停の申立費用（収入印紙代）は、被相続人1人につき1,200円です。また、連絡用の郵便切手（金額については、管轄する家庭裁判所にお問合せください）も預ける必要があります。

第6章

遺産分割審判

1 シチュエーション

（注）本章は、遺産分割調停が不成立となった前提でのお話となります。

　調停委員の努力もむなしく、分割方法の協議はまとまらず、調停不成立となってしまいました。そこで、遺産分割は調停から審判に移行することになりました。

　不安に感じた太郎さんと甲野税理士は、審判の手続きについて、乙山弁護士に尋ねました。

税　調停から**審判に移行**するということですが、審判申立などの手続きは必要なのでしょうか？

弁　調停が不成立となった場合には、**審判の申立があったものとみなさ**れるので、特に手続きは必要ありません。手数料もかかりません。

太　審判では、どのようなことがなされるのでしょうか？

弁　審議の場所が調停室から**審判廷**に移ります。審判廷において、**裁判**

官が、当事者の主張を聞いたり、当事者の提出した証拠を調べたり、自ら事実調査を行って、遺産の分割方法について審判を言い渡します。

太　分割方法は、どのような視点で判断するのでしょうか？

弁　相続財産の性質、各相続人の状況（年齢、職業、生活など）、その他一切の事情を考慮して判断するものとされています。

太　今までの調停手続はまったく無駄になるのですか？

弁　そうではありません。調停の記録は引き継がれますし、調停で合意した事項は審判でも尊重されます。

太　審判にはどのくらいの時間がかかるのですか？

弁　審理期間についてですね。

　　調停手続において遺産分割に関する事情がすべて明らかになっている場合は、少数回の審理で終わることもありますし、当事者が調停では出していない主張や証拠を新たに出してくる場合には、もう少しかかります。

太　そうですか。そうすると、今回の調停では、お互い主張や証拠を出し尽くしていると思いますので、審判はそう長引かないでしょうね。

　　ところで、1回の審判手続はどのくらいの時間がかかるのですか？

弁　審判手続は、調停手続と異なり、当事者が話し合いをする手続きではなく、必要な主張や立証をして、具体的な分割方法を決める手続きなので、30分もかからないでしょう。

　　なお、調停と異なり、当事者が出席する必要もありません。

太　私が審判に出席しなくてもいいのは、負担が減るので良かったです。でも、少し審判廷というものを見てみたいという気持ちもありますね（笑）。

2 まずはイメージをつかむ

遺産分割審判

　遺産分割審判は、**非公開の審判廷**で行われます。審判廷は、傍聴席のない法廷のようなイメージですが、裁判官の席は法壇のように高くなっておらず、当事者と同じ高さなのが特徴的です。

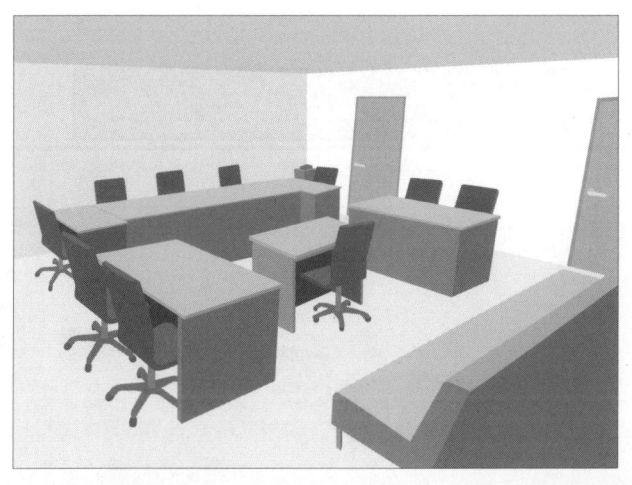

　審判における審理内容も、基本的には調停と同様であり、調停の記録が引き継がれ、調停において合意できなかった部分を中心に審理されます。もっとも、審理方式は、調停と異なり、裁判官の積極的なリードにより、**事実の調査**、**証拠調べ**などを行い、分割方法を決定します。

　審判の内容に不満のある当事者は、審判の告知を受けた日（審判書の送付を受けた日）の翌日から2週間以内であれば、即時抗告をすることができます。

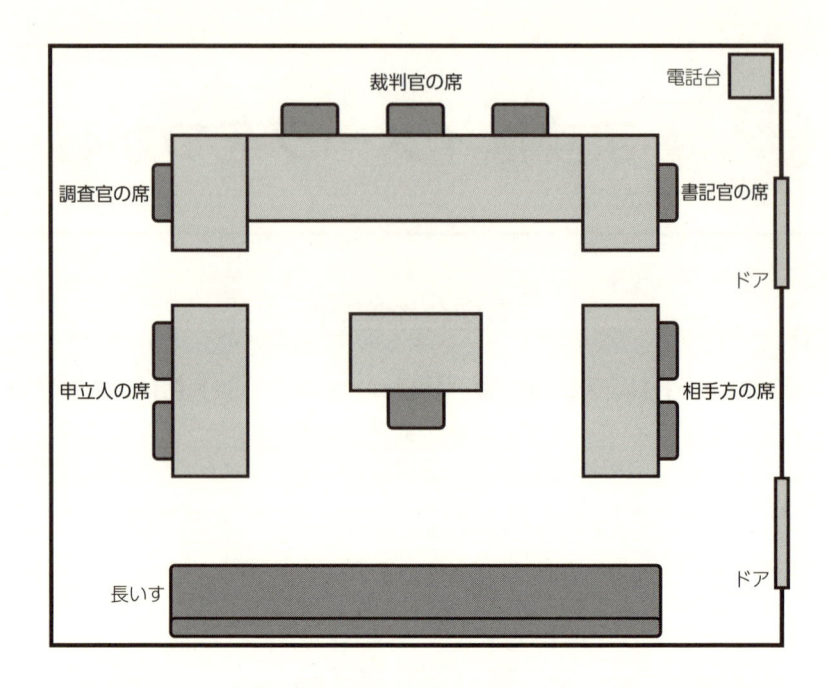

裁判官の席 電話台
調査官の席 書記官の席
ドア
申立人の席 相手方の席
ドア
長いす

③ 具体的な実務の手続き

1 審判について

　遺産分割調停が不成立となると、審判を申し立てたものとみなされ、自動的に審判手続に移行します（家事272④）。

　審判手続は、非公開の審判廷（傍聴席のない法廷のようなイメージ）において、裁判官の指揮によって行われます。

2 審判の流れ

　審判における審理内容も、基本的には調停と同様です。5つのステップ（「1．相続人の確定」→「2．相続財産の範囲の確定」→「3．相続財産の評価」→「4．特別受益、寄与分の考慮」→「5．具体的な分割方法の確定」）を経て、具体的な分割方法を決定します（107ページ参照）。

　裁判官は、調停手続の記録（当事者の主張や証拠、調停の経緯）を再度調べて、争点（調停において合意できなかった部分）を整理し、当事者双方に必要な追加主張や追加立証を促します。また、当事者から言い分（陳述）を聞いたり（家事68）、家庭裁判所調査官に事実の調査をさせることもあります（家事58①）。

　裁判官は、当事者が合意した事項を尊重しつつ、遺産に属する物または権利の種類及び性質、各相続人の年齢、職業、心身の状態及び生活の状況その他一切の事情を考慮し（民906）、実質的公平という見地から、分割方法の審判を言い渡します（**記載例⑰**）。

審判は、告知を受けた日（審判書の送付を受けた日）の翌日から2週間以内に即時抗告がなければ確定します。

　審判が確定すると、審判書に基づき、審判内容に従った分割方法を実現できるようになります。別途、遺産分割協議書を作成したり、相続人全員の印鑑登録証明書を用意する必要はありません。遺産分割に協力しない者に対しては、審判書に基づき、強制執行をすることもできます。

　なお、分割方法は、調停と同様、現物分割が原則ですが、状況に応じて、代償分割、換価分割、共有分割とすることもあります。

3 審判に対する不服申立

　審判の結果に不満のある当事者は、審判の告知を受けた日（審判書の送付を受けた日）の翌日から2週間以内であれば、高等裁判所に即時抗告をすることができます（家事198①一、86）。

　抗告審（高等裁判所）は、原則として当事者の言い分（陳述）を聞き（家事89①）、即時抗告に理由があると認めた場合は審判に代わる裁判をし（家事91①）、理由がないと認めた場合は棄却します。

　抗告審の審判に変わる裁判に対しては、憲法の解釈に誤りがある場合や憲法違反がある場合に限って、裁判の告知を受けてから5日以内であれば、最高裁判所に特別抗告をすることができます（家事94①、96②・民訴336②）。

　また、最高裁判所判例など重要裁判例と相反する判断がある場合や法令の解釈に関する重要な事項を含むと認められる場合は、裁判の告知を受けてから5日以内であれば、高等裁判所の許可を得て、許可抗告をすることもできます（家事97、98②・民訴336②）。

　最高裁判所が、特別抗告等に理由があると認めるときは、破棄差戻し（原裁判所へ）か、自ら裁判をします（家事96、98）。

記載例⑰　遺産分割審判書

平成○年（家）第○号　遺産分割申立事件

　　　　　　　　　審　　　判

当事者の表示
住　　所　　東京都○○区○○町○丁目○番○号
　　　　　　　　申　立　人　　青　山　太　郎
　　　　　　　　同代理人弁護士　　○　○　○　○
住　　所　　東京都○○区○○町○丁目○番○号
　　　　　　　　相　手　方　　青　山　次　郎
　　　　　　　　同代理人弁護士　　○　○　○　○
被相続人の表示
本　　籍　　東京都○○区○○町○丁目○番地
最後の住所　東京都○○区○○町○丁目○番○号
死亡年月日　平成○年○月○日
　　　　　　　　被　相　続　人　　青　山　大　介

　　　　　　　　　主　　　文
1　被相続人青山大介の遺産を次のとおり分割する。
　（1）…………
　（2）…………
2　…………
3　本件手続費用は、各自の負担とする。

　　　　　　　　　理　　　由
　本件記録に基づく当裁判所の事実認定及び法律判断は、以下のとおりである。
1　……………………………
　　……………………………
　（略）
5　手続費用
　手続費用は、当事者各自の負担とするのが相当である。
6　結論
　よって、主文のとおり審判する。
平成○年○月○日
　　　　　　　　東京家庭裁判所家事第○部
　　　　　　　　　裁判官　　○　○　○　○

第6章　遺産分割審判

4 データから見る遺産分割審判

1 申立件数とその結果

平成24年度の遺産分割審判の申立件数は2,589件です。

昭和30年度から平成24年度までの申立件数を見てみると、遺産分割調停同様、劇的にその件数が増加していることがわかります。

また、申し立てられた遺産分割調停のうち、約16％が審判に移行しています。

■遺産分割審判 申立件数の動向

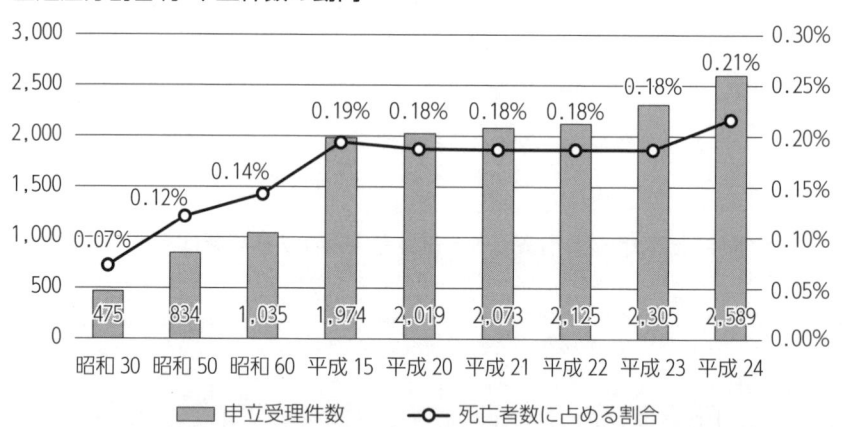

年度	申立受理件数	死亡者数に占める割合
昭和30	475	0.07%
昭和50	834	0.12%
昭和60	1,035	0.14%
平成15	1,974	0.19%
平成20	2,019	0.18%
平成21	2,073	0.18%
平成22	2,125	0.18%
平成23	2,305	0.18%
平成24	2,589	0.21%

(出典)最高裁判所事務総局「司法統計年報－家事事件編－」(平成24年度)の「第2表 家事審判・調停事件の事件別新受件数－全家庭裁判所」、厚生労働省「平成24年(2012)人口動態統計(確定数)」の「第2表－1 人口動態総覧の年次推移」に基づき、著者が計算。

下表は、平成24年度の遺産分割審判事件の処理結果です。

申立は、約56％が認容（一部認容を含むので、分割方法に関する審判が言い渡される場合は認容となります）、約12％が取下げにより終了しています。「その他」には、審判事件を調停に付する「付調停」などがあります。

■平成24年度 遺産分割審判事件の処理結果内訳

	件　数	割　合 (小数点第2位まで表示)
終　了　事　件　数	2,507件	―
認　　　　容 （一部認容を含む）	1,418件	56.56％
却　　　　　下	57件	2.27％
取　　下　　げ	323件	12.88％
そ　　の　　他	709件	28.28％

（出典）最高裁判所事務総局「司法統計年報－家事事件編－」（平成24年度）の「第3表　家事審判事件の受理、既済、未済手続別事件別件数－全家庭裁判所」に基づき、著者が計算。

2　審理期間と審理回数

残念ながら、遺産分割審判のみの審理期間や審理回数の統計はありません。遺産分割審判は、遺産分割調停とワンセット（自動的に移行）の手続きとなっているので、遺産分割調停とまとめた統計がとられています。

まとめた統計は遺産分割調停の項に記載しているので、第5章「遺産分割調停」の「5．データから見る遺産分割調停」をご参照ください。

5 弁護士費用、手続費用

1 弁護士費用

　前述したとおり、遺産分割調停が不成立となった場合には、自動的に審判手続に移行しますので、遺産分割審判事件における弁護士費用は、調停事件の費用と一体で見積もる例が多いです。

■弁護士費用の一般的な料率

経済的利益（※）	着手金額	報酬金額
300万円以下	8％	16％
300万円を超えて3,000万円以下	5％＋9万円	10％＋18万円
3,000万円を超えて3億円以下	3％＋69万円	6％＋138万円
3億円超	2％＋369万円	4％＋738万円

※　経済的利益
　　着手金算定における経済的利益は、原則として取得することになる相続分の時価相当額、報酬金算定における経済的利益は現実に取得した相続分の時価評価相当額をいいます。
　　相続財産の範囲や相続分について争いがない場合には、時価相当額の3分の1の額を基準とすることもあります。

2 手続費用

　遺産分割調停が不成立となった場合には、自動的に審判手続に移行しますので（家事272④）、あらためて申立をする必要はありません。

　遺産分割調停を経ずに最初から遺産分割審判を申し立てる場合に、次の各費用がかかります。なお、このような遺産分割審判の申立の多くは、職権で家事調停に付されるため（家事274①）、あまりなされていません。

　遺産分割審判の申立費用(収入印紙代)は、被相続人１人につき1,200円です。

　また、連絡用の郵便切手（金額については、管轄する家庭裁判所にお問い合わせください）も預ける必要があります。

第 **7** 章

遺産分割終了後

エピローグ

　審判によって、太郎さんが納得できる分割内容となり、次郎さんとの相続紛争も終了することになりました。

税　ありがとうございました。
　いろいろと教えていただき、太郎さんも具体的なイメージをもって、遺産分割手続に臨むことができ、また、納得できる審判が言い渡されたということで大変喜んでいました。
　私も、今回の件で、相続紛争や遺産分割調停のイメージがより具体的になり、今後、クライアントから相続の相談を受けた際にも、しっかりと説明できるようになったと思います。
弁　そうですか。相続紛争が審判までいくことはあまりないので、心配

> していたのですが、太郎さんに納得いただける結果となって良かったです。
> 　あとは、修正申告と相続登記をすれば、大介さんの相続手続はすべて終了ですね。
> 税　はい。相続登記は司法書士に依頼し、修正申告もすぐにとりかかりたいと思います。

　太郎さんの相続税の修正申告を済ませると、亡大介さんの相続に関するすべての手続きは終了となります。
　しかし、税務署が申告内容に誤りがあるとして、更正処分をしてくることもあります。
　そうすると、今度は、再調査の請求（旧異議申立）、審査請求、税務訴訟といった「税務争訟」において、税理士と弁護士が連携を図っていく必要が生じます。
　「税務争訟」における税理士と弁護士の連携のイメージと実務についての説明は、別の機会に譲りたいと思います。

　最後までお読みいただき、ありがとうございました。

資料

(旧)弁護士報酬会規

(旧)東京弁護士会 弁護士報酬会規【抜粋】

(平成13年6月15日改正施行、平成16年4月1日廃止)

第1章 総則

(目 的)
第1条 この会規は、弁護士法及び日本弁護士連合会の報酬等基準規程(会規第38号)に基づき、会員の報酬に関する標準を示すことを目的とする。

(趣 旨)
第2条 会員がその職務に関して受ける弁護士報酬及び実費等の標準は、この会規の定めるところによる。

(弁護士報酬の種類)
第3条 弁護士報酬は、法律相談料、書面による鑑定料、着手金、報酬金、手数料、顧問料及び日当とする。
2 前項の用語の意義は、次表のとおりとする。

法律相談料	依頼者に対して行う法律相談(口頭による鑑定、電話による相談を含む。)の対価をいう。
書面による鑑定料	依頼者に対して行う書面による法律上の判断又は意見の表明の対価をいう。
着 手 金	事件又は法律事務(以下「事件等」という。)の性質上、委任事務処理の結果に成功不成功があるものについて、その結果のいかんにかかわらず受任時に受けるべき委任事務処理の対価をいう。
報 酬 金	事件等の性質上、委任事務処理の結果に成功不成功があるものについて、その成功の程度に応じて受ける委任事務処理の対価をいう。
手 数 料	原則として1回程度の手続又は委任事務処理で終了する事件等についての委任事務処理の対価をいう。
顧 問 料	契約によって継続的に行う一定の法律事務の対価をいう。
日 当	弁護士が、委任事務処理のために事務所所在地を離れ、移動によってその事件等のために拘束されること(委任事務処理自体による拘束を除く。)の対価をいう。

（弁護士報酬の支払時期）

第4条　着手金は、事件等の依頼を受けたときに、報酬金は、事件等の処理が終了したときに、その他の弁護士報酬は、この会規に特に定めのあるときはその規定に従い、特に定めのないときは、依頼者との協議により定められたときに、それぞれ支払いを受ける。

（事件等の個数等）

第5条　弁護士報酬は、1件ごとに定めるものとし、裁判上の事件は審級ごとに、裁判外の事件等は当初依頼を受けた事務の範囲をもって、1件とする。ただし、第3章第1節において、同一弁護士が引き続き上訴審を受任したときの報酬金については、特に定めのない限り、最終審の報酬金のみを受ける。

2　裁判外の事件等が裁判上の事件に移行したときは、別件とする。

（弁護士の報酬請求権）

第6条　弁護士は、各依頼者に対し、弁護士報酬を請求することができる。

2　次の各号の一に該当することにより、受任件数の割合に比して1件あたりの執務量が軽減されるときは、弁護士は、第2章ないし第5章及び第7章の規定にかかわらず、弁護士報酬を適正妥当な範囲内で減額することができる。

　一　依頼者から複数の事件等を受任し、かつその紛争の実態が共通であるとき。

　二　複数の依頼者から同一の機会に同種の事件等につき依頼を受け、委任事務処理の一部が共通であるとき。

3　1件の事件等を複数の弁護士が受任したときは、次の各号の一に該当するときに限り、各弁護士は、依頼者に対し、それぞれ弁護士報酬を請求することができる。

　一　各弁護士による受任が依頼者の意思に基づくとき。

　二　複数の弁護士によらなければ依頼の目的を達成することが困難であり、かつその事情を依頼者が認めたとき。

（弁護士の説明義務等）

第7条　弁護士は依頼者に対し、あらかじめ弁護士報酬等について、十分に説明しなければならない。

2　弁護士は、事件等を受任したときは、委任契約書を作成するよう努めなければならない。

3　委任契約書には、事件等の表示、受任の範囲、弁護士報酬等の額及び支払時期

その他の特約事項を記載する。
4　弁護士は、依頼者から申し出のあるときは、弁護士報酬等の額、その算出方法及び支払時期に関する事項等を記載した弁護士報酬説明書を交付しなければならない。ただし、前2項に定める委任契約書を作成した場合は、この限りでない。

（弁護士報酬の減免等）

第8条　依頼者が経済的資力に乏しいとき又は特別の事情があるときは、弁護士は第4条及び第2章ないし第7章の規定にかかわらず、弁護士報酬の支払時期を変更し又はこれを減額若しくは免除することができる。

2　着手金及び報酬金を受ける事件等につき、依頼の目的を達することについての見通し又は依頼者の経済的事情その他の事由により、着手金を規定どおり受けることが相当でないときは、弁護士は、第3章の規定にかかわらず、依頼者と協議のうえ、着手金を減額して、報酬金を増額することができる。ただし、着手金及び報酬金の合計額は、第17条の規定により許容される着手金と報酬金の合算額を超えてはならない。

（弁護士報酬の特則による増額）

第9条　依頼を受けた事件等が、特に重大若しくは複雑なとき、審理若しくは処理が著しく長期にわたるとき又は受任後同様の事情が生じた場合において、前条第2項又は第2章ないし第4章の規定によっては弁護士報酬の適正妥当な額が算定できないときは、弁護士は、依頼者と協議のうえ、その額を適正妥当な範囲内で増額することができる。

（消費税に相当する額）

第10条　この会規に定める額は、消費税法（昭和63年法律第108号）に基づき、弁護士の役務に対して課せられる消費税の額に相当する額を含まない。

第2章　法律相談料等

（法律相談料）

第11条　法律相談料は、次表のとおりとする。

初回市民法律相談料	30分ごとに5,000円
一般法律相談料	30分ごとに5,000円以上2万5,000円以下

2 前項の初回市民法律相談とは、事件単位で個人から受ける初めての法律相談であって、事業に関する相談を除くものをいい、一般法律相談とは、初回市民法律相談以外の法律相談をいう。

（書面による鑑定料）

第12条　書面による鑑定料は、次のとおりとする。

| 書面による鑑定料 | 20万円以上30万円以下 |

2 前項において、事案が特に複雑又は特殊な事情があるときは、弁護士は依頼者と協議のうえ、前項に定める額を超える書面による鑑定料を受けることができる。

第3章　着手金及び報酬金

第1節　民事事件

（民事事件の着手金及び報酬金の算定基準）

第13条　本節の着手金及び報酬金については、この会規に特に定めのない限り、着手金は事件等の対象の経済的利益の額を、報酬金は委任事務処理により確保した経済的利益の額をそれぞれ基準として算定する。

（経済的利益―算定可能な場合）

第14条　前条の経済的利益の額は、この会規に特に定めのない限り、次のとおり算定する。

一　金銭債権は、債権総額（利息及び遅延損害金を含む。）

二　将来の債権は、債権総額から中間利息を控除した額

三　継続的給付債権は、債権総額の10分の7の額。ただし、期間不定のものは、7年分の額

四　賃料増減額請求事件は、増減額分の7年分の額

五　所有権は、対象たる物の時価相当額

六　占有権、地上権、永小作権、賃借権及び使用借権は、対象たる物の時価の2分の1の額。ただし、その権利の時価が対象たる物の時価の2分の1の額を超えるときは、その権利の時価相当額

七　建物についての所有権に関する事件は、建物の時価相当額に、その敷地の時価の3分の1の額を加算した額。建物についての占有権、賃借権及び使用借権

に関する事件は、前号の額に、その敷地の時価の3分の1の額を加算した額
八　地役権は、承役地の時価の2分の1の額
九　担保権は、被担保債権額。ただし、担保物の時価が債権額に達しないときは、担保物の時価相当額
十　不動産についての所有権、地上権、永小作権、地役権、賃借権及び担保権等の登記手続請求事件は、第5号、第6号、第8号及び前号に準じた額
十一　詐害行為取消請求事件は、取消請求債権額。ただし、取消される法律行為の目的の価額が債権額に達しないときは、法律行為の目的の価額
十二　共有物分割請求事件は、対象となる持分の時価の3分の1の額。ただし、分割の対象となる財産の範囲又は持分に争いのある部分については、争いの対象となる財産又は持分の額
十三　遺産分割請求事件は、対象となる相続分の時価相当額。ただし、分割の対象となる財産の範囲及び相続分について争いのない部分については、その相続分の時価相当額の3分の1の額
十四　遺留分減殺請求事件は、対象となる遺留分の時価相当額
十五　金銭債権についての民事執行事件は、請求債権額。ただし、執行対象物件の時価が債権額に達しないときは、第1号の規定にかかわらず、執行対象物件の時価相当額（担保権設定、仮差押等の負担があるときは、その負担を考慮した時価相当額）

（経済的利益算定の特則）
第15条　前条で算定された経済的利益の額が、紛争の実態に比して明らかに大きいときは、弁護士は、経済的利益の額を、紛争の実態に相応するまで、減額しなければならない。
2　前条で算定された経済的利益の額が、次の各号の一に該当するときは、弁護士は、経済的利益の額を、紛争の実態又は依頼者の受ける経済的利益の額に相応するまで、増額することができる。
　一　請求の目的が解決すべき紛争の一部であるため、前条で算定された経済的利益の額が紛争の実態に比して明らかに小さいとき。
　二　紛争の解決により依頼者の受ける実質的な利益が、前条で算定された経済的利益の額に比して明らかに大きいとき。

(経済的利益—算定不能な場合)
第16条　第14条により経済的利益の額を算定することができないときは、その額を800万円とする。
2　弁護士は、依頼者と協議のうえ、前項の額を、事件等の難易、軽重、手数の繁簡及び依頼者の受ける利益等を考慮して、適正妥当な範囲内で増減額することができる。

(民事事件の着手金及び報酬金)
第17条　訴訟事件、非訟事件、家事審判事件、行政審判等事件及び仲裁事件（次条に定める仲裁センター事件を除く。）の着手金及び報酬金は、この会規に特に定めのない限り、経済的利益の額を基準として、それぞれ次表のとおり算定する。

経済的利益の額	着手金	報酬金
300万円以下の部分	8％	16％
300万円を超え3,000万円以下の部分	5％	10％
3,000万円を超え3億円以下の部分	3％	6％
3億円を超える部分	2％	4％

2　前項の着手金及び報酬金は、事件の内容により、30％の範囲内で増減額することができる。
3　民事事件につき同一弁護士が引き続き上訴事件を受任するときは、前2項にかかわらず、着手金を適正妥当な範囲内で減額することができる。
4　前3項の着手金は、10万円を最低額とする。ただし、経済的利益の額が125万円未満の事件の着手金は、事情により10万円未満に減額することができる。

(調停事件及び示談交渉事件)
第18条　調停事件、示談交渉（裁判外の和解交渉をいう。以下同じ。）事件及び弁護士会が主宰する「仲裁センター」等の紛争解決機関への申立事件（以下「仲裁センター事件」という。）の着手金及び報酬金は、この会規に特に定めのない限り、それぞれ前条第1項及び第2項又は第21条第1項及び第2項の各規定を準用する。ただし、それぞれの規定により算定された額の3分の2に減額することができる。
2　示談交渉事件から引き続き調停事件又は仲裁センター事件を受任するときの着手金は、この会規に特に定めのない限り、前条第1項及び第2項又は第21条第1

項及び第2項の各規定により算定された額の2分の1とする。

3 示談交渉事件、調停事件又は仲裁センター事件から引き続き訴訟その他の事件を受任するときの着手金は、この会規に特に定めのない限り、前条第1項及び第2項又は第21条第1項及び第2項の各規定により算定された額の2分の1とする。

4 前3項の着手金は、10万円（第21条の規定を準用するときは、5万円）を最低額とする。ただし、経済的利益の額が125万円未満の事件の着手金は、事情により10万円（第21条の規定を準用するときは5万円）未満に減額することができる。

（第19条～第37条　略）

第4章　手　数　料

（手数料）

第38条　手数料は、この会規に特に定めのない限り、事件等の対象の経済的利益の額を基準として、次の各号の表のとおり算定する。なお、経済的利益の額の算定については、第14条ないし第16条の規定を準用する。

一　裁判上の手数料

項　目	分　類	手　数　料
証拠保全（本案事件を併せて受任したときでも本案事件の着手金とは別に受けることができる。）	基　本	20万円に第17条第1項の着手金の規定により算定された額の10％を加算した額
	特に複雑又は特殊な事情がある場合	弁護士と依頼者との協議により定める額
即決和解（本手数料を受けたときは、契約書その他の文書を作成しても、その手数料を別に請求することはできない。）	示談交渉を要しない場合	300万円以下の部分　　　　　　　　　　10万円 300万円を超え3,000万円以下の部分　　 1％ 3,000万円を超え3億円以下の部分　　　0.5％ 3億円を超える部分　　　　　　　　　　0.3％
	示談交渉を要する場合	示談交渉事件として、第18条又は第22条ないし第24条の各規定により算定された額
公示催告		即決和解の示談交渉を要しない場合と同類

(中略)	
簡易な家事審判（家事審判法第9条第1項甲類に属する家事審判事件で事案簡明なもの。）	10万円以上20万円以下

二　裁判外の手数料

項　目	分　類		手　数　料
法律関係調査（事実関係調査を含む。）	基　本		5万円以上20万円以下
	特に複雑又は特殊な事情がある場合		弁護士と依頼者との協議により定める額
契約書類及びこれに準ずる書類の作成	定　型	経済的利益の額が1,000万円未満のもの	10万円
		経済的利益の額が1,000万円以上1億円未満のもの	20万円
		経済的利益の額が1億円以上のもの	30万円以上
	非定型	基　本	300万円以下の部分　　　　　10万円 300万円を超え 　3,000万円以下の部分　　　　1％ 3,000万円を超え 　3億円以下の部分　　　　　0.3％ 　3億円を超える部分　　　　0.1％
		特に複雑又は特殊な事情がある場合	弁護士と依頼者との協議により定める額
	公正証書にする場合		右の手数料に3万円を加算する。
内容証明郵便作成	基　本		3万円以上5万円以下
	特に複雑又は特殊な事情がある場合		弁護士と依頼者との協議により定める額

遺言書作成	定　型		10万円以上20万円以下	
	非定型	基　本	300万円以下の部分 300万円を超え 　　3,000万円以下の部分 3,000万円を超え 　　3億円以下の部分 　　3億円を超える部分	20万円 1％ 0.3％ 0.1％
		特に複雑又は特殊な事情がある場合	弁護士と依頼者との協議により定める額	
	公正証書にする場合		右の手数料に3万円を加算する。	
遺言執行	基　本		300万円以下の部分 300万円を超え 　　3,000万円以下の部分 3,000万円を超え 　　3億円以下の部分 　　3億円を超える部分	30万円 2％ 1％ 0.5％
	特に複雑又は特殊な事情がある場合		弁護士と受遺者との協議により定める額	
	遺言執行に裁判手続を要する場合		遺言執行手数料とは別に、裁判手続きに要する弁護士報酬を請求することができる。	
(略)				

(第38条の2　略)

第5章　時 間 制

(時間制)

第39条　弁護士は、依頼者との協議により、受任する事件等に関し、第2章ないし第4章及び第7章の規定によらないで、1時間あたりの適正妥当な委任事務処理単価にその処理に要した時間（移動に要する時間を含む。）を乗じた額を、弁護士報酬として受けることができる。

2　前項の単価は、1時間ごとに1万円以上とする。

3　弁護士は、具体的な単価の算定にあたり、事案の困難性、重大性、特殊性、新規性及び弁護士の熟練度等を考慮する。

4　弁護士は、時間制により弁護士報酬を受けるときは、あらかじめ依頼者から相

当額を預かることができる。

第6章　顧問料

（顧問料）

第40条　顧問料は、次表のとおりとする。ただし、事業者については、事業の規模及び内容等を考慮して、その額を減額することができる。

事 業 者	月額5万円以上
非事業者	年額6万円（月額5,000円）以上

2　顧問契約に基づく弁護士業務の内容は、依頼者との協議により特に定めのある場合を除き、一般的な法律相談とする。

3　簡易な法律関係調査、簡易な契約書その他の書類の作成、簡易な書面鑑定、契約立会、従業員の法律相談、株主総会の指導又は立会、講演などの業務の内容並びに交通費及び通信費などの実費の支払等につき、弁護士は、依頼者と協議のうえ、顧問契約の内容を決定する。

第7章　日　当

（日　当）

第41条　日当は、次表のとおりとする。

半日（往復2時間を超え4時間まで）	3万円以上5万円以下
1日（往復4時間を超える場合）	5万円以上10万円以下

2　前項にかかわらず、弁護士は、依頼者と協議のうえ、前項の額を適正妥当な範囲内で増減額することができる。

3　弁護士は、概算により、あらかじめ依頼者から日当を預かることができる。

第8章　実費等

（実費等の負担）

第42条　弁護士は、依頼者に対し、弁護士報酬とは別に、収入印紙代、郵便切手代、謄写料、交通通信費、宿泊料、保証金、保管金、供託金、その他委任事務処理に要する実費等の負担を求めることができる。

2　弁護士は、概算により、あらかじめ依頼者から実費等を預かることができる。
（交通機関の利用）
第43条　弁護士は、出張のための交通機関については、最高運賃の等級を利用することができる。

第9章　委任契約の清算

（委任契約の中途終了）
第44条　委任契約に基づく事件等の処理が、解任、辞任又は委任事務の継続不能により、中途で終了したときは、弁護士は、依頼者と協議のうえ、委任事務処理の程度に応じて、受領済みの弁護士報酬の全部若しくは一部を返還し、又は弁護士報酬の全部若しくは一部を請求する。
2　前項において、委任契約の終了につき、弁護士のみに重大な責任があるときは、弁護士は受領済みの弁護士報酬の全部を返還しなければならない。ただし、弁護士が既に委任事務の重要な部分の処理を終了しているときは、弁護士は、依頼者と協議のうえ、その全部又は一部を返還しないことができる。
3　第1項において、委任契約の終了につき、弁護士に責任がないにもかかわらず、依頼者が弁護士の同意なく委任事務を終了させたとき、依頼者が故意又は重大な過失により委任事務処理を不能にしたとき、その他依頼者に重大な責任があるときは、弁護士は、弁護士報酬の全部を請求することができる。ただし、弁護士が委任事務の重要な部分の処理を終了していないときは、その全部については請求することができない。

（事件等処理の中止等）
第45条　依頼者が着手金、手数料又は委任事務処理に要する実費等の支払いを遅滞したときは、弁護士は、事件等に着手せず又はその処理を中止することができる。
2　前項の場合には、弁護士は、あらかじめ依頼者にその旨を通知しなければならない。

（弁護士報酬の相殺等）
第46条　依頼者が弁護士報酬又は立替実費等を支払わないときは、弁護士は、依頼者に対する金銭債務と相殺し又は事件等に関して保管中の書類その他のものを依頼者に引き渡さないでおくことができる。

2　前項の場合には、弁護士は、すみやかに依頼者にその旨を通知しなければならない。

　　附　則
1　この改正規定は、日本弁護士連合会の承認を得て、平成8年4月1日から施行する。
2　この会規施行の際、現に処理中の事件の弁護士報酬については、なお、従前の例による。
　　附　則
　第1条（改正）、第27条第1項（改正）、同条第3項（追加）、第27条の2（追加）及び第38条の2（追加）の改正規定は、日本弁護士連合会の承認を得て、公示した日（平成3年6月15日）から施行する。

弁護士報酬会規早見表

民事事件の着手金及び報酬金（17条）

経済的利益	着手金	報酬金
300万円以下の場合	8％	16％
300万円を超え3,000万円以下の場合	5％＋9万円	10％＋18万円
3,000万円を超え3億円以下の場合	3％＋69万円	6％＋138万円
3億円を超える場合	2％＋369万円	4％＋738万円

（事件の内容により、30％の範囲内で増減額することができる。着手金の最低額は10万円。）

（略）

手数料（38条）

(1) 裁判上の手数料

項目	分類	手数料	
即決和解	示談交渉を要しない場合	300万円以下の場合	10万円
		300万円を超え3,000万円以下の場合	1％＋7万円
		3,000万円を超え3億円以下の場合	0.5％＋22万円
		3億円を超える場合	0.3％＋82万円

(2) 裁判外の手数料

項目	分類		手数料	
契約書類及びこれに準じる書類作成	非定型	基本	300万円以下の場合	10万円
			300万円を超え3,000万円以下の場合	1％＋7万円
			3,000万円を超え3億円以下の場合	0.3％＋28万円
			3億円を超える場合	0.1％＋88万円
遺言書作成	非定型	基本	300万円以下の場合	20万円
			300万円を超え3,000万円以下の場合	1％＋17万円
			3,000万円を超え3億円以下の場合	0.3％＋38万円
			3億円を超える場合	0.1％＋98万円
遺言執行	基本		300万円以下の場合	30万円
			300万円を超え3,000万円以下の場合	2％＋24万円
			3,000万円を超え3億円以下の場合	1％＋54万円
			3億円を超える場合	0.5％＋204万円

（以下略）

索　引

[ア行]

遺言執行者 …………………………… 54, 61
遺言書検認申立書 …………………… 56
遺言の無効 …………………………… 69
遺産分割 ……………………………… 6
遺産分割協議書 ……………………… 92
遺産分割審判 ………………………… 153
遺産分割審判書 ……………………… 157
遺産分割調停 ………………………… 102, 106
遺産分割調停調書 …………………… 124
遺産分割調停申立書 ………………… 108
遺産目録 ……………………………… 93, 110, 126
遺留分減殺請求 ……………………… 83, 87
遺留分減殺請求書 …………………… 89
遺留分制度 …………………………… 83, 86

[カ行]

価額弁償 ……………………………… 85, 91
完全成功報酬制 ……………………… 77, 94
寄与分 ………………………………… 107, 118, 120
　──の控除 ………………………… 121
限定承認 ……………………………… 31, 35
検認証明書 …………………………… 59
検認手続 ……………………………… 54
現物返還 ……………………………… 84, 91

公告費用 ……………………………… 43
公証人の手数料 ……………………… 71
公正証書遺言 ………………………… 50

[サ行]

自筆証書遺言 ………………………… 50, 51
就職通知 ……………………………… 64
熟慮期間 ……………………………… 19, 29, 32
　──の伸長 ………………………… 25, 33
承認 …………………………………… 29
申述費用 ……………………………… 43
審判書 ………………………………… 28
審理（期日）回数 …………………… 144, 159
審理期間 ……………………………… 142, 159
相続 …………………………………… 6
相続欠格 ……………………………… 113
相続財産管理人 ……………………… 31, 35
相続財産の範囲の確定 ……………… 107, 114
相続財産の評価 ……………………… 107, 117
相続財産目録 ………………………… 65
相続人の確定 ………………………… 107, 113
相続の承認または放棄の期間の
　伸長申立 …………………………… 25, 33
相続の承認または放棄の期間の
　伸長申立書 ………………………… 26
相続排除 ……………………………… 114

183

相続放棄 ……………………………… 18, 29
相続放棄申述受理証明書 ………… 23, 24
相続放棄申述受理通知書 ………………… 22
相続放棄申述書 …………………………… 20
双方代理 …………………………………… 10
即時抗告 ……………………………… 153, 156

[タ行]

タイムチャージ制 ……………………… 77, 94
着手金 ……………………………………… 42
着手金報酬金制 ………………………… 77, 94
調停委員 ………………… 102, 103, 105, 145
調停室 …………………………… 102, 103, 106
調停前置主義 …………………………… 70, 90
調停調書 ……………………………… 104, 122
出来高制 ………………………………… 77, 94

特別受益 …………………………… 107, 118
　——の持戻し ……………………………… 119

[ナ・ハ行]

任務完了通知 ……………………………… 66
秘密証書遺言 ……………………………… 50
弁護士費用 ………… 42, 72, 94, 147, 160
報酬金 ……………………………………… 42

[マ行]

みなし相続財産 …………………… 119, 121
持戻し免除の意思表示 ………………… 119

[ラ行]

利益相反行為 ……………………………… 9

＜編著者紹介＞

■編集・執筆
馬渕泰至（まぶち やすし）
　　弁護士・税理士。みなと青山法律事務所代表
　　昭和49年京都市生まれ。
　　同志社大学法学部法律学科卒業後、平成14年に弁護士登録（東京弁護士会）。平成22年に青山学院大学大学院法学研究科修士課程（税法務専攻）を修了し、同年に税理士登録（東京税理士会）。
　　税務と法律の重なる領域を主たる専門分野とし、税理士事務所の法的支援、サポート業務を中心に、税務調査の立ち会い、税務争訟（再調査請求、審査請求、税務訴訟）などに積極的に取り組んでいる。
　　青山学院大学法学研究科招聘教授（租税法）、同科附置ビジネスローセンター特別研究員、租税訴訟学会員。
・主な著書、論文
　　『和解・調停条項と課税リスク』新日本法規（編著）
　　『Q＆A ドメスティックバイオレンス 児童・高齢者虐待 対応の実務』新日本法規（共著）
　　『Q＆A 子どもをめぐる法律相談』新日本法規（共著）
　　「馴れ合い訴訟と更正の請求―国税通則法23条1項と同2項の関係について」青山ビジネスロー・レビュー第2巻第2号
　　「遺産分割にかかる弁護士費用の取得費該当性について」青山ビジネスロー・レビュー第3巻第2号

■執筆
増尾知恵（ますお ちえ）
　　弁護士。みなと青山法律事務所所属
　　昭和60年長野市生まれ。
　　中央大学法学部法律学科卒業後、中央大学法科大学院を修了し、平成24年に弁護士登録（第一東京弁護士会）。
　　企業法務のほか、家事事件（成年後見、離婚、相続）などにも積極的に取り組んでいる。
　　第一東京弁護士会成年後見に関する委員会委員。
・主な著書
　　『Q＆A 成年後見の実務』新日本法規（共著）

＜連絡先＞
みなと青山法律事務所
　　〒107-0061　東京都港区北青山1－4－6　246青山ビル2階
　　TEL：03-6804-1985　FAX：03-6804-1984　E-Mail：legal@m-ao.com

税理士があまり知らない 相続紛争と遺産分割調停
実務イメージをストーリーで理解する

2014年10月30日　発行

編著者	馬渕　泰至 ⓒ
発行者	小泉　定裕
発行所	株式会社 清文社　東京都千代田区内神田1-6-6（MIFビル） 〒101-0047　電話03(6273)7946　FAX03(3518)0299 大阪市北区天神橋2丁目北2-6（大和南森町ビル） 〒530-0041　電話06(6135)4050　FAX06(6135)4059 URL http://www.skattsei.co.jp/

印刷：奥村印刷㈱

■著作権法により無断複写複製は禁止されています。落丁本・乱丁本はお取り替えします。
■本書の内容に関するお問い合わせは編集部までFAX（03-3518-8864）でお願いします。

ISBN978-4-433-55384-5